pX
370

Librairie R[illegible]
Cat. 3 (1950)
Fr. 16.200

3.

[1557]

N° 30967

TRAICTE de la grãmaire Francoise.

L'Oliuier de Rob. Estienne.

Rés. p. X 370

AV LECTEVR.

POurtãt que plusieurs desirans auoir ample cognoissance de nostre langue Francoise, se sont plains a nous de ce qu'ils ne pouoyent aiseemẽt s'aider de la Grammaire Francoise de Maistre Lois Maigret (a cause des grans changemens qu'ils y voyoyẽt, fort contraires a ce qu'ils en auoyent ia apprins, principalemẽt quant a la droicte escripture) ne de l'Introduction a la langue Francoise composee par M. Iaques Syluius medecin (pourtãt que souuẽt il a meslé des mots de Picardie dont il estoit) Nous ayans diligemmẽt leu les deux susdicts autheurs, (qui pour certain ont traicté doctement, pour la plus part, ce qu'ils auoyẽt entrepris) auons faict vng recueil, principalement de ce que nous auons veu accorder a ce que nous auions le tẽps passé apprins des plus scauãs en nostre langue, qui auoyent tout le temps de leur vie hanté es Cours de France, tant du Roy que de son Parlement a Paris, aussi sa Chancellerie & Chãbre des cõptes: esquels lieux le langage s'escrit & se pronõce en plus grande pureté qu'en tous autres. Et le tout auons mis par ordre, & traicte a la maniere des Grammaires Latines, le plus clerement & facilement qu'auons peu: Laquelle chose pourra beaucoup seruir principalement a ceulx qui saident de nos Dictionaires Latinfrãcois, & Francoislatin, & sentremettent de traduire de Latin en Francois. Que si en tout nous ne contentons les lecteurs, principalemẽt ceulx qui veulẽt que l'escripture suyue sa pronõtiatiõ, nous n'en voulons pourtãt debatre auec eulx, ains les priõs qu'en paix ils mettẽt peine de mieulx faire, sans changer la plus commune & receue escripture, pronontiation, & maniere de parler conforme au langage de nos plus anciens bien exercez en nostre dicte lãgue. Il nous suffit de monstrer le chemin de tousiours mieulx faire & prouffiter a tous.

GRAMMAIRE FRANCOISE.

N noſtre langue Francoiſe nous auons vingt & deux lettres, leſquelles nous diuiſons comme les Latins, en deux parties:,en Voyelles & Conſonantes.

Les Voyelles ſont lettres qui ſeules prononcées, font vne voix & vng ſon:& ſont cinq en nombre, a e i o u.

Les Conſonãtes ſont lettres qui ne peuuent eſtre prononcees ſeules ſans voyelles, auec leſquelles voyelles rendent vng ſon: & ſont celles ci, b c d f g h l m n p q r ſ t x y z.

Nous auons forme de lettres particulieres, approchantes aſſez pres de celles des Italiẽs, mais elles ne ſont point ainſi couchees ſur le deuant, ains ſont droictes comme les Romaines & plus graſſes, le corps des lettres eſt court, les iambes & les teſtes longues. Exemple,

Lettre Italienne,

a b c d e f g h i l m n o p q r ſ t u x y z.

Romaine,

a b c d e f g h i l m n o p q r ſ t u x y z.

Francoiſe,

a b c d e f g h i l m n o p q r ſ t u x y z

Es impreſſions nous nous ſeruons pour le iourdhuy de lettre Romaine, quelque fois de l'Italienne.

De la PRONONTIATION des lettres

La pronontiation des lettres n'eſt point beaucoup differente de celle des Latins : ſinon en celles qui ſenſuyuẽt.

C Le plus ſouuent ſe prononce comme en Latin. Aucuneſfois deuant a, o, u, ſe pronõce du ſon de ſ, *Commenca, Lecon, Facon, Appercoy, Recut:* comme ſi tu eſcriuois, *Commenſa, Leſon, Faſon, Apperſoy, Reſeut.* Souuent pour addoulcir la prolation, de peur qu'on ne prononce le *c*, comme en Cato, Condo, Sicut, on entremet vng e, *Commencea, Commenceons, Receut.*

E Quand il est au commencement, quelque fois se pronõce brief & court, & comme a demi son, comme *Pelér*, ou *Pe*, est court, & *lér* est long. Quelque fois se prononce long, comme *Récıter, Réueler:* & communeemẽt es mots qui ont deux consonantes apres e, comme *Celle, Esleuer, Esbatre*. Semblablement au milieu quelque fois il est court, comme *Amener, Appeler:* quelque fois long, comme *Amére, Entiére:* & cõmuneement quand deux consonantes suyuent e, comme, *Commettre, Entendre.* Quãd il est en la fin, il se pronõce aussi diuersemẽt. Aucunesfois d'ung son lõg & esleué, comme *Aimé*, en ouurant la bouche pour le prononcer long, lequel souuent nous marquons d'vng accent agu des Latins, principalemẽt quãd il y peut auoir doubte, comme *Aimé, Pouretè, Grauité.* Quelque fois il ne se prononce qu'à demi son, & en refermant la bouche, & la syllabe de deuant est lõgue, comme *Sapiénce, Iustíce, Châmbre.* Telle est sa prolation quand il y en a deux ensemble es participes fœmenins, cõme *Aimée, Enseignée, Creée, Recreée,* Mais es participes masculins, le dernier *e* se prononce par l'accent agu, comme *Creé.*

G Estant mis deuant *e* ou *i* en vne mesme syllabe, se pronõce ainsi qu'vng *i*, comme *Gemir, Gelée, Gibetiere, Giste.* Quelque fois entre g & *o* on met vng *e*. comme pour *Bourgois*, on escrit *Bourgeois:* pour *Bourgon, Bourgeõ:* a fin qu'on ne prononce le g auec *o* comme on le pronce en *Goblet, Dragõ.* A la fin des mots il est aucune fois escript, & ne se prononce point, comme *Tesmoing, Soing, Coing, Besoing,* dont vient *Tesmoingner, Soingner, Coingner, Besoingner,* combiẽ que cõmuneement on escriue *Tesmoigner, Soigner, Coigner, Besoigner.* Nos anciẽs ont escript *Vng* auec g en la fin, de peur qu'en escriuant *Vn*, ne semblast estre le nombre *Vii*, toutesfois cela ne plait a plusieurs. Nous scauons que g en c lieu ne sert de riẽ, sinon pour ceste cause: si ailleurs ils l'ad mettent ou il y a moins de cause, qu'ils l'admettent aussi en ce petit & court mot: s'il ne leur plaist, ie ne veulx estre contentieux, qu'ils escriuẽt vn, & moy vng. ils ont qui les suyuent, & ie m'arreste aux anciens scauans qui en scauoyent plus que nous.

H Quelque fois ne se prononce point, mais sert seulemẽt pour monstrer que le mot Frãcois vient du Latin, comme *Heritier*, de Hæres, *Heure*, de Hora. Quelque fois on l'escript, combien que le mot Latin dont vient le mot Francois, n'en ait point, & se prononce ainsi qu'en Latin, comme *Hault*, *Haultain* de Altus, *Heurler* de Vlulare.

I Aucunesfois est consonante: comme en ces mots, *Iaser*, *Ietter*, *Iouer*, *Iurer*.

L Quand on la double elle se prononce plus fort, & plus rudement: comme, *Allicher*, *Icelle*, *Chandelle*, *Pucelle*. Si *i* est deuant les deux *ll*, elles se prononcent plus doulcement, & quasi comme si elle estoit seule, comme *Bailler*, *Piller*. Quelque fois *l* s'escrit, & ne se prononce point: cõme *Mauluais* de Malus, *Mieulx* Melius, *Fault*, *Falloir*. *Vault*, Valet, *Maulx*, Mala, *Hault*, Altum. Combien qu'aucũs soyẽt d'opinion que *l* en ces mots & semblables prouenans du Latin, ne se doibuent point escrire, entant (disent ils) que *l* est tournée en *u*: comme en *Maupiteux*, quasi dicas, Male misericors, *Mauduict*, *Maudisné*, *Maudolé*, *Mauioinct*, *Maugré*, *Maumariée*, *Aube espine*, *Aube du iour*, & semblables. Cõbien que la plus part escrit *Mal piteux*, *Mal disné*, *Mal ioinct*, *&c*. Les autres veulent que *l* demeure, pourtant qu'ils sont d'opinion que *a* ou autres lettres precedentes *l*, soyent tournées en diphthongue *au*, ou *eu*, & que *l* demeure a cause du mot Latin dont on la pris, comme de Mala *Maulx*, de Altus *Hault*. Quoy qu'il en soit, les anciens escriuains, gẽs de scauoir, l'ont gardée, comme plusieurs autres consonãtes. Elle est quelque fois superflue, & l'escript on seulement pour aider la prolation, a fin de ne mesler les lettres de la syllabe precedente, auec la subsequente : comme aucuns escriuent *Peult*, *Moult*, & plusieurs autres, a fin qu'on ne die *Pe-ur*, en deux syllabes, *Mo-ut*. Principalement ceste *l* superflue se met es mots finissans en *aux*, ou *eux*, comme *Maulx*, *Enuieulx*, *Ennuyeulx*, lesquels aucũs escriuẽt par *s* seulement, *Enuieus*, cõtre toute ancienne coustume d'escrire. De ce est parlé en la partie des Nõs dicte Nõbres.

R Es cõmencemens des mots se pronõce quasi pour deux. cõme *Rire*, *Rare*. Et en la fin elle ne se pronõce point quand le mot suyuant commence par vne consonante: comme, *Il ueult aller dehors*. comme si tu escriuois, *il ueult alle dehors*.

S Deuant *t* & aucunes autres cõsonantes, au milieu de la diction, souuẽt ne se prononce point, cõme *Maistre*, *Escuelle*. cõme si tu escriuois *Maitre*, *Ecuelle*, mais toutesfois prononceans *ai* & *e* a bouche ouuerte. Aucunesfois elle se prononce, comme en Latin, *Honeste*, Honestus: *Domestique*, Domesticus: *Scholastique*, Scholasticus: *Euangeliste*, Euangelista: *Chaste*, Castus: *Reste*, Restans. Assez souuent elle s'escript pour prolonger le son de la syllabe precedante, sans la prononcer, comme *Descouurir*, *Esconduire*, *Esleuer*, *Mesme*, *Luy mesme*. *Mesler*, *Vesce*, *Aimast*, *Asne*, *Masle*, Elle sert aussi pour mettre differẽce entre le temps preterit ou present, & le futur. comme, *Il peult*, present & brief son : & *Pourueu qu'il peust a l'aduenir*, le son long. *Il ostat*, & *Il ostast*. Aussi entre quelques verbes : comme *Pleut*, Pluit: *&* *Pleust a Dieu*, à Placeo, vtinam placeret Deo. Quelque fois, voire assez souuent, on la retient en Francois a cause du mot Latin, comme, *Souspecon*, Suspicio : *Souspirer*, Suspirare : *Soustenir*, Sustineo. Ia soit qu'on ne la prononce point, comme qui diroit *Soupecon*, *Soupirer*, *Soutenir*. Quand elle est en la fin des mots, si le mot suyuant commence par vne consonante, elle ne se prononce point: comme en disant, *Les femmes sont bonnes*, comme si on escriuoit, *Le femme son bonnes*. Si le mot suyuant commence par vne voyelle, lors se pronõce *s* finissant le mot precedant: comme, *Les enfans, Les amoureux.* Pareillemẽt se prononce par tout ou on sarreste. Et semblablement quand la voyelle de la derniere syllabe du mot finissant en *s*, se pronõce long, a bouche ouuerte: comme *Procés, Més, Tés, Sés, Aprés, Exprés.* Il ne fault oublier que *ſ* entre deux voyelles se prononce doulcement, & mollemẽt, ainsi que par *z*, *Raser, Maison*, comme si on escriuoit *Razer, Maizon.*

T Es mots finissans en *ion* se prononce par *c* ou *ſſ* cõme *Diction, Exhortation, Pronõtiation*, ou le *t* se pronõce par *c*, comme si on escriuoit *Diccion*, ou *Dicſion, Exhortacion, Prononciacion.* Quelque fois on met deux *t* ensemble, pour enforcir la prolation, & prolonger la precedente syllabe: cõme *Alumette, Brunette.* Quand il est en la fin du mot, & que le mot suyuant commence par vne consonante, il ne se prononce point, comme, *Ils sont bons:* quasi qui escriroit, *Ils son bons.* Aussi en la conionction *et*, on ne le prononce point, comme, *A toy et a luy.* quasi qui escriroit & prononceroit a bouche ouuerte, *e a luy*, sans remuer la langue.

V Quelque fois en nostre langue est cõsonante, principalement au commencement du mot: comme en ces mots, *Va, Vain, Venir, Visiter, Volupté, Vuider, Enuironner, Enuahir, Enueloper.*

X Se prononce comme en Latin, fors qu'en la fin du mot: alors il se prononce comme *s*: mesme aucuns escriuẽt *s*, au lieu que les anciẽs escriuoyẽt *x*, en certains mots: comme *Enuieux, Voix, Noix, Canaux.* ce qu'ils semblent auoir faict de peur qu'on ne die, *Enuie-us, Vo-is, No-is, Cana-us.*

Y Se prononce cõme *i.* Les anciens ne se sont point seulement serui de ceste lettre en nostre langue Francoise es mots qui descendoyent du Grec, comme aussi font les Latins, *Hydropique, Hypocrisie:* mais aussi sen sont aidé quand vng *i* venoit au commencement du mot, faisant seul vne syllabe, comme *Yuroye, Yuer, Yure.* a cause que *y* ha forme telle quil ne se peult ioindre auec la lettre suyuante. Pareillemẽt quand au milieu du mot il y auoit vng *i* entre des voyelles: comme *Enuoyer*, *Ie uoyoye*, a fin qu'on n'assemblast l'*i* de la syllabe precedẽte auec la syllabe subsequente, & qu'on ne dist, *Enuo-ier*, *Ie uo-io-ie.* Aussi en la fin des mots finissans en diphthõgue ont mis vng *y*, comme *Moy, Toy, Soy, Foy, Roy, Iray, Appuy, Ennuy.*

Z De ceste lettre se seruẽt les Francois es mots qui sont prins du Grec, & se pronõce la langue contre les dẽs basses de deuant, la bouche peu ouuerte, par vng doulx son, cõme *Zele, Zelateur.* On sen sert aussi en la fin d'aucuns mots au lieu de *s*, pour monstrer qu'elle se doibt prononcer a bouche ouuerte, la langue serree contre les dens d'embas, comme en tels mots, *Aimez, Enuoyez*, participes du temps passé: *Oyez, Voyez*, Imperatifs.

DE L'APOSTROPHE.

A, E, & I, souuent ne sescriuent point, principalement E, en la fin d'aucuns petis mots d'une syllabe, ou quelque fois de plusieurs, quand on les ioinct a vne autre qui se commence par la mesme ou autre voyelle: lors (selon la coustume des Grecs) en la place de la lettre qu'on a retiree, ou destournee du mot precedant, on met vng demi cercle au dessus de la lettre faict en ceste façon ', lequel on appelle d'vng mot Grec Apostrophe, qui signifie retirement, ou destournement. Et cela ce faict a fin qu'on ne pronõce la lettre ostee, & que tellemẽt les deux mots soyent ioincts en vng, qu'il n'y ait qu'vne prononciation de deux. Ce qu'on voir principalement en ces particules *de, ie, le, ma, me, ne, que, sa, se, ta, te.* comme *D'autant plus, I'aime, L'enuieux, Il cerche de m'occir, Ils n'ont rien, Encores qu'il face bien, Il s'en ua, Il t'apellera, M'amie, T'amie, S'amie, Ie n'iray point.* Pour, *De autant, Ie aime, Le enuieulx, De me occir, Ne ont rien, Que il, Il se en ua, Il te appellera, Ma amie, Ta amie, Sa a-*

mie, *Ie ne y iray point*. comme si on disoit en gros Latin, ego non ibi ibo. Quelque fois on oste trois lettres, quād quelcun interrogué, *Iras tu?* respond, *I'ray*, pour *Ie y iray*, comme qui diroit en gros Latin, ego ibi ibo.

DES SYLLABES.

Des susdictes lettres on en fait des cōpositiōs de deux, trois, ou plusieurs lettres ensemble, sous vng mesme accent, qu'on appelle en Grec syllabes, c'est a dire comprehension & assemblement, comme *ai-mer*, deux syllabes, *mi-se-ri-cor-de*, cinq syllabes, *Chre-stien*, deux syllabes. Il fault noter que toutes syllabes pour le moins ont vne voyelle ioincte a vne ou plusieurs consonantes, soit deuant la voyelle, ou apres, comme en ce mot misericorde, *mi-se-ri-cor-de*. Quelque fois la syllabe n'a qu'vne voyelle, soit au commencement du mot, au milieu, ou en la fin, comme *Amour*, *Edifier*, *Image*, *Oreille*, *Vne*, *Desobeir*, *Oublié*, *Il oublia*.

DES DIPHTHONGVES.

Entre les syllabes il y en a qui sōt de deux voyelles, tellement ioinctes ensemble en vne syllabe qu'en prononceant, on oit en partie le son de l'vne, & en partie le son de l'autre: lesquelles ont appellé Diphthongues, qui est vng mot prins du Grec signifiant le son de deux. Il en y a sept, *ai* ou *ay*, *ei*, *oi* ou *oy*, *ui*, *au*, *eu*, *ou*.

ai, *Faire*, *Aider*. Il ne fault pas prononcer *Fa-i-re* en trois syllabes, mais en deux, *Fai-re*.

ay Est la mesme diphthongue, mais elle sescript ainsi en la fin des mots, *Feray*, *Fay*.

ei *Peine*, deux syllabes, comme *Peindre*, *Ceindre*, *Cueillir*, *Orgueil*, *Oeil*.

oi *Oison*, *Moindre*, deux syllabes: *Fois*, vne syllabe, comme *Mois*, & *Moins*.

oy Est la mesme diphthongue, mais elle sescrit ainsi a la fin des mots, *Foy*, *Loy*, *Moy*, *Enuoy*. Et quelque fois au milieu, comme *Moyen*, *Enuoyer*, quand la syllabe suyuante commence par vne voyelle.

ui *Destruire*, de trois syllabes, *De-strui-re*. *Nuire*, de deux syllabes, *Nui-re*. *Nuict*, vne syllabe. *Fuite*, deux syllabes.

au *Audience*, de quatre syllabes. *Aucun*, *Autre*, de deux: *Hault*, d'vne syllabe.

eu *Seur*, *Meur*, *Peu* d'vne syllabe. *Meurement*, de trois syllabes, *Esmeu*, *Heureux*, deux syllabes.

ou *Outil*, *Ouuert*, *Ouurir*. Deux syllabes. *Oublier*, *Vouer*, *Allouer*.

Il y a *ie*, qui est comme diphthongue, mais d'autre maniere: car aucunement on oit le son de *i* & *e* separez, cõbien qu'il ne facẽt qu'vne syllabe: comme *Miel*, *Ciel*, *Fiel*, *Pied*, *Fier*, *Bien*, *Mien*, *Tien*, *Sien*, *Chien*, *Rien*, *Chrestien*.

Des triphthongues.

Souuent aduient que trois voyelles sont ioinctes ensemble en vne mesme syllabe, desquelles trois on oit les propres sons aucunement separez.

eau *Beau*, *Seau*, *Veau*, d'vne syllabe. *Fourneau*, de deux.
iei *Vieillesse*, *Vieillard*.
ieu *Mieulx*, *Yeulx*, *Vieulx*, *Dieu*, *Lieu*, d'vne syllabe.
oei *Oeil*, *Oeillades*.
oeu *Oeuure*, deux syllabes, *Sœur*, *Voeu*, ou *Vœux*.
oui *Mouiller*, *Pouilleux*, *Souillé*.
uei *Cueillir*, *Orgueil*.
ueu *Gueule*.

DES MOTS.

De ces syllabes on en fait des mots: & aucunesfois le mot aura deux syllabes, aucũesfois trois, quelque fois quatre, ou plus. Il en y a aussi qui n'õt qu'vne syllabe, comme *blé*, *né*. On trouue des mots qui ne sont que d'vne voyelle, comme *a* en ceste oraison, *a Dieu uous di*. *Il y est allé*. *O le dommage*.

DE L'ORAISON.

Finalement des mots diuers assemblez ensemble on en fait vne oraison & propos tellement ordonné qu'on sen sert a dire & escrire ce que chascun a conceu en son entendement.

Or il y a neuf sortes de mots, qui sappellent les parties d'oraison: a scauoir Nom, Article, Pronom, Verbe, Participe, Aduerbe, Cōionction, Prepositiō, & Interiection: cōme aussi ont les Latins.

DES NOMS.

Les Noms, sont les mots qui signifient vng corps ou chose qu'on peut toucher & veoir, comme, *Liure*, *Arbre*: ou chose qui ne peult estre touchee ne veue, comme *Vertu*, *Esprit*, *Dieu*.

Diuision des Noms.

Il y a deux sortes de Noms: les vns sont appelez Substātifs, desquels la signification est entendue sans qu'autres mots leur soyent adioincts. comme *Pain*, *Terre*: & font vng sens parfaict auec l'adiectif: comme *Pain blanc*, *Terre noire*. Les adiectifs sont les mots qui se mettent auec les substantifs pour declarer leur qualite ou quātite: & ne se mettent point proprement sans substantif, ou autrement on ne scauroit a quoy seruiroit ledict adiectif: comme en disant *Blanc*, tu ne peux rien entendre si tu n'adioins quelque substantif: comme disant, *Pain blanc*, *Terre noire*, *Terre grasse*, *Bon homme*, *Homme iuste*, *Mauuaise persone*, *Grand personage*, *Grand larron*, *Vin excellent*, *Homme prudent*, *riche*, *poure*, & ainsi des autres.

Diuision des Substantifs.

Les Substātifs se diuisent en Noms propres & cōmuns, qu'on nomme appellatifs.

Les Nōs propres, ce sont ceulx qui appartienēt a vng seulement, comme le nom de chasque hōme, ou de ville, ou village, comme *Pierre*, *Iehan*, *Ierusalem*, *Bethlehem*.

Oultre le nom propre en y a vng aultre qui est le nom de la race & famille dont on est descendu: comme *Iehan Riant*, *Robert Estienne*, *Pierre Pignon*: dont on dict, *les Rians*, *les Estiennes*, *les Pignons*, pour, ceulx de la famille des Rians, des

Estiennes, des Pignons.

Les communs & appellatifs sont ceulx qui appartiennent a plusieurs, comme *Arbre, Homme, Herbe, Pierre.*

De ces communs & appellatifs en y a aucuns qui signifient corps, comme *Homme, Cheual:* Aucuns qui signifiẽt choses sans corps, comme *Vertu, Raison, Dieu, Ange.*

Aucuns signifient nation: comme *Francois, Italien, Aleman, Champenois.* Aucuns signifient la ville ou territoire dont est quelcun, comme *Romain, Parisien, Lionnois.*

Aucuns seruent a nombrer simplement: comme *Vng, Deux, Trois, Quatre, Cinq, Six, &c.*

De ceulx ci viennent d'autres qui seruẽt à denoter l'ordre quõ tient, & qui est en quelque chose en nombrãt, cõme *Premier, Second, (ou Deuxieme) Troisieme, Quatrieme, Cinqieme, Sixieme, Septieme, huitieme, Neufieme, Dixieme, Onzieme, Douzieme, &c. Vingtieme, Vingt & ungieme, Trentieme.* Desquels nõbres ceux qui sont terminez en e, perdent icelu y quãd on leur adioind *ieme.* Exẽple, de *Quatre & Onze,* on escrit, *Quatrieme, Onzieme,* & non point *Quatreieme, Onzeieme:* & ainsi de leurs semblables.

Il en y a d'autres qui signifiẽt dignite ou estat sur quelque nombre de gens: comme, *Quartenier, Dizenier, Cinquantenier, Centenier,* qui ha charge des mesnagiers de quatre rues, ou de dix, ou de cinquante hommes, ou de cent.

Aucuns sappellent collectifs, comprenans vng certain nombre: comme *Sizain, Huitain, Douzain, Trezain:* contenant *Six, Huit, Douze, Treze.*

LES ACCIDENS DES NOMS.

Au Nom il eschet sept accidens, Espece, Comparaison, Genre, Nombre, Figure, Cas, & Declinaison. Lesquels deux derniers aucuns ne mettent point pour les causes dictes ci apres en leur ordre.

Espece.

Il y a deux especes communes tant aux substantifs qu'aux adiectifs. L'vne qu'on dit Primitiue: cõme *Rome,*

Paris, *Bon*, *Montaigne*. L'autre Deriuatiue, cōme *Romain*, *Parisien*, *Bonté*, *Montaignart*.

Comparaison.

Quand nous voulōs mōstrer aucū estre plus ou moins en quelque chose que n'est vng autre, nous vsons du mot *Plus*, ou *Moins*, auec le Nom adiectif: cōme, pour ce que les Latins disent, Petrus est sapientior Iohanne, nous disons, *Pierre est plus sage que Iehan*, Indoctior est Iohāne, *Il est moins scauant que Iehan*.

Il y a quelques comparatifs Latins que nous retenons presques entiers: comme Melior, *Meilleur*, Peior, *Pire*, Minor, *Moindre*.

Quand nous voulons signifier vng hōme excellent en quelque chose, tellement qu'il ne soit besoing de l'accomparager a d'autres, nous adioustōs ce mot *tres*, (qui signifie trois) au Nom adiectif positif, & disons, *Tresdocte*, *Tresfort*, *Tresbon*: c'est a dire, excellent en scauoir, en force & en bonté.

Diminutif.

Il y a des Noms qu'on appelle diminutifs, qui demonstrent la diminution de leur primitif, sans faire comparaison a autres. comme de Grād, on dit *Grandelet*, c'est a dire vng peu, ou quelque peu grād. Verd, *Verdelet*: Blanc, *Blāchet*: Homme, *Hommet*: Femme, *Femmelette*: Arbre, *Arbrisseau*: Aneau, *Anelet*: Escu, *Escusson*. Des noms propres d'hōmes & de femmes on en fait quelque fois des diminutifs: comme de Pierre, *Pierrot*, *Perrot*: Iaques, *Iaquet*: Magdelaine, *Magdelon*: Marguerite, *Margot*. Il en y a de plusieurs autres terminaisons, comme de Coq, on dit *Cochet*, Sac, *sachet*: Doulx, *doulcet*: a Iacot, *Iacotin*: à Iambe, *Iambon*: Coche, *Cochon*: Chausse, *Chausson*.

Des genres des Noms.

De ces mots susdicts, de quelque sorte qu'ils soyent les vns appartiennent aux hommes & masles: & pour ce on les appelle du masculin genre, comme *Seigneur*, *Docteur*,

Bon, *Mauuais*. Les autres ſont appelez femenins, pourtant qu'ils appartiennent aux femmes & femelles, comme, *Regente*, *Roine*, *Bõne*, *Mauuaiſe*. Quãt au neutre genre, c'eſt a dire, qui ne ſoit ne maſculin, ne femenin, nous n'en auõs point, non plus que les Hebrieux: mais eſt comprins ſoubs le maſculin.

Il y a aucuns Noms qui ſoubs vne meſme terminaiſõ ſont maſculins & femenins: comme, *Homme chaſte*, *Femme chaſte*, *Vne choſe poſſible*, & *Vng cas poſſible*, *Vng hõme aueugle*, *Vne femme aueugle*. Le femenin ſouuent ſe fait en adiouſtant vng *e* au maſculin: cõme *Cõſtant*, *conſtãte*: *Heureux*, *Heureuſe*: *Marchãd*, *Marchande*: Aucuneſfois en adiouſtãt ceſt *e*, la cõſonante precedante ſe double: cõme *Bon*, *Bõne*: *Rous*, *Rouſſe*: *Gentil*, *Gentille*: *Bel*, *Belle*: *Net*, *Nette*. Le femenin ſe fait auſſi en adiouſtant ceſte terminaiſon *ſſe*, ou *eſſe* au maſculin: comme *Maiſtre*, *Maiſtreſſe*: *Aſne*, *Aſneſſe*: *Larron*, *Larroneſſe*.

Nombres.

Les Noms ont deux nõbres, Singulier & Plurier. Aux mots qui ſe terminent en *e* au ſingulier, lequel ſe prononce en ouurant vng peu la bouche, il fault adiouſter vne *s* pour faire le plurier: comme, *Pierre*, *Pierres*: *Homme*, *Hommes*: *Table*, *Tables*: *Arbre*, *Arbres*.

A ceulx deſquels l'*e* final ſe pronõce a bouche ouuerte au ſingulier, de tout temps on adiouſte vng *z* au lieu de *s* pour faire le plurier: cõme, *Lettré*, *Lettrez*: *Aimé*, *Aimez*.

Ceux qui ſe terminent en conſonante au ſingulier, on leur adiouſte vne *s* pour en faire le plurier: comme, *Grec*, *Grecs*: *Lac*, *Lacs*: *Long*, *Longs*: *Champ*, *Chãps*. Il fault excepter ceulx qui finẽt en *t*, ou *d*: car au plurier le *t* & le *d* ſont tournez en *s*, ou ſont reiectez: comme, *Dent*, *Dens*: *Soudard*, *Soudars*: *Dard*, *Dars*: *Plaid*, *Plais*. combien que pour la differẽce, de *Plais*, a Placeo, vauldroit mieulx eſcrire *Plaids* par *d* deuant *s*. En quelques mots on retient le *t*, & luy adioint on *s*, a cauſe de la prolatiõ: cõme en *Secrets*, *Regrets*. Au plurier ſi on oſte *t*, & au lieu on met *s* ſeulement, on prononcera *Sécres*, la premiere ſyllabe longue, & la derniere breue, a cause que *s* en la fin ne se prononce quasi point. En laissant le *t*, & adioustant *s* pour le pluriel, la consonante attire a soy l'accent, & fait sonner *s* a bouche ouuerte, cõme par l'accent agu, *Secrets, Regrets.*

Ceulx qui finent en *al* au singulier, muent *al* en *aulx* au pluriel: comme *Cheual, Cheuaulx, Loyal, Loyaulx.*

Ceulx qui finent en *s* au singulier, gardent la mesme au pluriel: comme *Propos, les propos: ung Francois, les Frãcois: ung Anglois, les Anglois: une perdris, deux perdris.*

Il fault noter que les anciens en beaucoup de mots, au lieu de *s* final, ont escript vng *x*, voire au singulier: cõme *Ombrageux, Maulx, Faulx, Aux, Enuieulx, Cieulx, Eulx.* Et ce ont faict presque tousiours en ces terminaisons de *aulx* & de *eulx.* Aucuns Noms ne se trouuent point en pluriel nombre, comme *Sang, Or, Argent, Plomb, Estain, & Que* interrogatif, & *Gré.*

Figures.

Il y a des Noms de simple figure: comme *Ami, Heur.* Il en y a d'autres qui sont composez, les vns de deux mots entiers: cõme *Malheur:* les autres, d'vng mot entier, & l'autre corrompu: comme *Ennemi, en* est entier, & *emi,* corrõpu, pour *ami*: comme qui diroit *nõ ami.* Les autres d'vng mot corrõpu, & d'ung entier: cõme *Chascun, Aucun, Quelcũ.*

Cas.

Quant aux cas des Noms ou cadances & terminaisons d'ung mesme mot au nominatif, genitif, datif, accusatif, & ablatif: nous sõmes entieremẽt differẽs des Latins: car nous n'auõs qu'vng cas ou terminaison au singulier, pour tous ces six cas des Latins: & vng seul cas pour le pluriel en adioustãt vne *s* au singulier: cõme il est dict au quatrieme accidẽt du Nom, qui est des Nombres: comme *Homme, Hommes.* Mais nous declarons ces cas par des articles *le, la, de, du, a, au: les, aux, des*: desquels sera traicte ci apres.

Declinaison.

Quant aux declinaisons, nous n'en auons point a vray

dire : car puis qu'il n'y a qu'vng cas ou terminaiſon pour le ſingulier,& vng autre pour le pluriel,cõme ci deuãt eſt dict,comment ſe declineroyent ils? Mais pour cognoiſtre les cas & declinaiſons,nous nous ſeruons des articles comme dict eſt.

DES ARTICLES.

ARticles ſont petis mots d'vne ſyllabe, faiſans vng mot, deſquels on ſe ſert pour donner a cognoiſtre les cas des Latins qu'ils appellẽt nominatif, genitif, datif, accuſatif,ablatif, ainſi que ci deſſus eſt dict. Les deux principaulx & qui proprement doibuẽt eſtre nommez articles,ſont *Le* pour les maſculins, & *La* pour les femenins ſinguliers, qui ont pour le pluriel ſoit maſculin,ſoit femenin, *les*. Leſquels articles ſont empruntez des Pronoms, Ille, Illa, Illi. Les autres, *de, du, des: a, au, aux*, ſont emprũtez des Præpoſitiõs. Quant a *aux*, ſil eſt mis auec le Pronom *quels*, *x* ſe mue en *ſ*, & ſe ioing tout ainſi que ſi c'eſtoit vng mot, comme *auſquels*.

Exemple du ſingulier maſculin.

Le nominatif,	Le *maiſtre.*
Genitif,	De *maiſtre,du maiſtre.*
Datif,	A *maiſtre,au maiſtre.*
Accuſatif,	Le *maiſtre.*
Vocatif,	*Maiſtre*,ſans article.
Ablatif,	De *maiſtre,du maiſtre.*

Le pluriel,

Nominatif,	Les *maiſtres.*
Genitif.	De *maiſtres,ou* Des *maiſtres.*
Datif,	A *maiſtres,ou* Aux *maiſtres.*
Accuſatif,	Les *maiſtres.*
Vocatif,	*Maiſtres*,ſans article.
Ablatif,	De *maiſtres,ou* Des *maiſtres.*

Exemple de ſingulier femenin.

Nominatif,	La *femme.*

Genitif,	*De femme.*
Datif,	*A femme.*
Accusatif,	*La femme.*
Vocatif,	*Femme.*
Ablatif,	*A femme, De femme.*

Le pluriel,

Nominatif,	*Les femmes.*
Genitif,	*De femmes, ou Des femmes.*
Datif,	*A femmes, ou Aux femmes.*
Accusatif,	*Les femmes.*
Vocatif,	*Femmes.*
Ablatif,	*De femmes, ou Des femmes.*

Souuent aussi nous vsons de ces deux mots *Vng* & *Vne* comme d'articles: disãs, *Vng liure*, pour le mot Latin liber: *Vne femme* pour femina.

Or il y a quelque difference d'vser de *de* & *du* articles masculins du genitif singulier: aussi de *a* & *au* articles du datif singulier. Car nous disons *Le liure de Pierre*, & non *du Pierre*: pourtant que *du* iamais ne se ioind aux femenins, ne aux propres nõs: si ce n'est qu'on vueille specifier vne certaine personne qu'on cognoit, ou de laquelle on a parle, comme *Le liure dudict Pierre*. Au contraire on dit, *Le liure du maistre*, & non point *de maistre*, comme parlans d'vng particulier: si tu n'adioustes le propre nom, *de maistre Iehã*. Ou en ceste maniere de parler, *Tu fais l'office de maistre*, qui est dict en general, comme qui diroit, *Tu fais l'office d'ung qui a faict son chef d'œuure.* Aussi y a il difference entre *a* & *au*. Car nous disons, *Ie l'ay donné a Pierre*, & non point *au Pierre.* pourtant qu'il ne se ioind point aux noms propres: si tu ne disois, *audict Pierre*, a scauoir duquel on a parlé. Ne pareillement aux femenins. Semblablement nous ne disõs point, *Ie l'ay donne a maistre, a pere*: mais *au maistre, au pere*, entendans quelque autre chose, comme *au maistre de la maison, au pere de Iehan.*

Au, est commun au datif, a l'accusatif, & a l'ablatif singuliers des Noms masculins appellatifs : *Aux* semblablement au datif, accusatif & ablatif pluriel des Noms appellatifs masculins, & aussi femenins. Exemple du singulier, *Ie l'ay rendu au pere, au pais, Ie m'en uay au pais, Ie l'ay laissé au pais*. Du pluriel, *Ie l'ay donné aux parens, Ie m'en uay aux châps, Il est aux champs*, & mieulx *es champs*.

Du & *des* quelques fois seruent comme de Pronoms : cõme quand nous disons, *Il y a du uin la dedens, Il y a des hommes la dedens*: ce *des*, sert autant que qui diroit, *Il y a aucuns hõmes*. *Du* aussi sert quelque fois pour *de* & *ce* demõstratifs: cõme, *Ie mange du mouton que nous auõs tué*. c'est a dire, *De ce mouton*.

De, souuent se trouue deuant les articles *le* & *la*: comme, *Le maintien de l'homme, La cousture de la robe. La prenelle de l'oeil, Le iugement de l'homme*.

Le & *La*, iamais ne sont mis deuant les propres noms d'hommes ou de femmes . car on ne dit point, *Le Pierre, le Iehan*: mais on dit bien, *La Seine, Le Rosne, La Champaigne*. Quelque fois il denote quelque chose dequoy on a parle, ou dequoy il est mẽtion: comme, *I'ay ueu l'homme qui a faict cela, Pierre m'a iniurié, uous cognoissez l'homme*. Ils sont mis quelque fois deuant les adiectifs qui sont ioincts aux nõs propres, & lors valent autant que ce mot *dict*, ou *qui est*, ou *estimé*: cõme, *Philippe le bel, Iehanne la Rousse*, pour *Philippe dict bel, Iehanne qui est Rousse*. Ils se mettent quelque fois aussi deuant le comparatif *plus*, en ceste maniere de parler, *C'est bien la femme la plus gracieuse que ie uei iamais* : ou, *C'est bien la plus gracieuse femme que, &c.* Quelque fois ils sont relatifs, & lors sont Pronoms: comme, *I'ay ueu Pierre & le uoirez*.

Il ne fault oublier que l'infinitif prenãt nature de nom, recoit l'article *le*, comme, *Le boire & le manger*.

DES PRONOMS.

PRonoms, eſt vne ſorte de mots qui ſeruent pour ſupplier le Nom tant propre, qu'appellatif, ſans aucune ſignificatiõ ou declaratiõ de temps, denotant touſiours quelque certaine perſonne. Ce mot Pronom eſt cõpoſé de pro Latin, qui ſignifie *pour*, & ce mot *nom*: comme qui diroit, *pour Nom*, ou *au lieu du Nom*. Car en tenant propos les vns aux autres, il ſeroit ennuyeulx de repeter ſouuẽt vng meſme mot, fuſt propre nom, ou commun: comme qui diroit, *Iehan a dict a Pierre que Pierre allaſt eſtudier*: au lieu de ce deuxieme *Pierre*, on met vng Pronom, en ceſte ſorte, *Iehan a dict a Pierre qu'il allaſt eſtudier*. ou, *Pierre recõmande Pierre a Iehan, Iehan eſt ſi grãd eſtudiant*. pour dire, *Pierre ſe recõmande à Iehan qui eſt fort grãd eſtudiant*. Il a donc eſté de beſoing d'inuẽter des Pronoms, qui non ſeulement demonſtreroyent les Noms, mais auſſi leur perſõne. car autre eſt la perſõne qui parle, & autre celle a qui on parle, & autre celle de qui on parle, ſans luy addreſſer la parolle. Et cõbien que la ſeule demõſtration fuſt faicte par ces premiers Pronoms, *Ie, tu, ceſtuy ci*, ou *ceſtuy la*, ou *luy*: il a eſté de beſoing pour euiter ceſte maniere de repetition de Noms, inuenter ces relatifs tant des Noms, que meſme des Pronoms, comme *qui*. Car autrement au lieu de dire, *Tu es celuy qui me plais*, il nous euſt fallu dire, *Tu es celuy tu me plais*. & *Qui*, eſt relatif de *Tu*.

DES ACCIDENS DV PRONOM.

Le Pronom ha ſix accidens, qui ſont, Eſpece, Perſonne, Genre, Figure, Nombre, & Cas, auec Declinaiſon.

Il y a douze Pronoms, *Ie, Tu, Soy*, ou *Se, Il, Ce, Ceſt, Eulx, Mon, Ton, Son* (ou *Mien, Tien, Sien*,) *Noſtre, Voſtre*.

Des Eſpeces.

Il y a deux eſpeces de Pronoms: Les vns ſont primitifs,comme *Ie*, *Tu*, *Soy*, *Il*, *Ce*, *Ceſt*. Les autres ſont deriuatifs,comme *Mon*, *Ton*, *Son* (ou *Mien*, *Tien*, *Sien*) *Noſtre*, *Voſtre*.

De ces primitifs,il en y a quatre demonſtratifs, *Ie*, *Tu*, *Ce*, *Ceſt*. Et trois relatifs, *Soy*, *Il*, *Eulx*.

Et vng maintenant demonſtratif, maintenant relatif, qui eſt *Il*, ou *li*, ou *luy*.

Des perſonnes.

Le Pronom ha trois perſonnes,comme les Verbes.

La premiere perſonne eſt celle qui tiẽt propos de ſoymeſme:comme, *Ie ui a mon aiſe*.

La ſecõde eſt celle qui eſt preſente,& a laquelle addreſſons noſtre propos:comme, *Que fais tu? Tu es bien a ton aiſe*.

La tierce eſt celle a qui on ne parle pas preſentement, quoy qu'on parle d'elle:comme, *Il ne tient compte de ſoy*.

Des genres.

Il y a trois genres des Pronoms:aucuns maſculins,cõme *Il*, *Celuy*. Les autres femenins, cõme *Elle*, *Celle*. Et d'autres qui ſont maſculins & femenins, ſeruãs tant a l'hõme qu'a la femme,comme *Ie*, *Tu*, *Soy*, *Qui*.

Des figures.

Il y a deux manieres de figures de Pronoms ainſi que de Noms, & autres parties d'oraiſon. Les vns ſont ſimples, cõme *Ie*, *Tu*, *Il*, *Mon*, *Ton*, *Son*, *Qui*. Les autres compoſez,comme *Ceſtuy ci*, *Ceſtuy la*, *Moymeſme*, *Toymeſme*, *Luymeſme*.

Des nombres.

Les Pronoms ont auſſi deux nombres cõme les Noms, le Singulier,comme *Ie*, *Toy*, *Il*. Et le pluriel,comme, *Nous*, *Vous*, *Ils*. Il y en a qui ſont ſeulement ſinguliers,comme *Ceci*, *Cela*. Les autres ſont communs a tous nombres:cõme *Se*, *Qui*, *Que*, *Pierre qui ſen ua*, & *Ceulx qui ſen uont*, *Le ſeruiteur que tu auois*, & *Les ſeruiteurs que tu auois*.

Des cas & declinaiſons des Pronoms.

Les Pronoms ont quelque maniere de cas,& declinaiſons,ainſi que les Noms,comme il ſe cognoiſtra par trois declinaiſons qui ſenſuyuent.

La premiere declinaiſon contenant trois Pronoms, a ſcauoir, *Ie*, *Tu*, *Soy*.

Ie ſe decline ainſi,

Nominatif, *Ie* ou *Moy*.
Genitif, *de Moy*.
Datif, *a Moy*, ou *Me*,
Accuſatif, *Moy*, ou *Me*.
Ablatif, *a Moy*, ou *de Moy*.

Le pluriel.

Nominatif, *Nous*.
Genitif, *de Nous*.
Datif, *a Nous*.
Accuſatif, *Nous*.
Ablatif, *a Nous*, ou *de Nous*.

Tu ſe decline ainſi,

Nominatif, *Tu*, *ou Toy*.
Genitif, *de Toy*.
Datif, *Te*, ou *a Toy*.
Accuſatif, *Te*, ou *Toy*.
Vocatif, *Toy*, *ou Tu*.
Ablatif, *a Toy*, ou *de Toy*.

Pluriel.

Nominatif, *Vous*.
Genitif, *de Vous*.
Datif, *a Vous*.
Accuſatif, *Vous*, ſemblable au nominatif.
Vocatif, *Vous*.
Ablatif. *de Vous*, ſemblable au genitif.

On vſe de *Moy* & *Toy* quand on reſpond a l'interrogation: comme, *Qui a faict cela?* ou *Eſt ce toy qui a faict cela?* Et on reſpond, *C'eſt moy*. ou *C'eſt toy*. Quand auſſi nous niõs auoir faict ce qu'on nous impoſe: cõme, *C'eſt toy qui as faict cela*. *Ce n'eſt pas moy*. Nous en vſons auſſi en ces manieres de parler, comme, *Fay cela pour l'amour de moy*, *Ie l'ay faict pour l'amour de toy*. *C'eſt a moy*, *C'eſt a toy*. *Il n'ha cure de toy, ne de moy. Il est en moy ou en toy de faire cela. O moy miserable.*

Quand a *Me* & *Te* ils se mettẽt deuant les Verbes, ainsi que *Moy* se met apres: comme, *Ie me recommande a toy. Ne te soulcie.*

Soy se decline ainsi,

Singulier,

Genitif,	*de Soy.*
Datif,	*a Soy*, ou *Se.*
Accusatif,	*Soy*, ou *Se.*
Ablatif,	*de Soy.* semblable au Genitif.

Pluriel,

Datif,	*Se.*
Accusatif,	*Se.*

Soy & *Se* ont ceste difference, combien qu'ils signifient tout vng: que *Se*, le plus souuent est mis deuãt le verbe, & *Soy* apres: comme, *Il ne se soulcie de rien, Il ne tient compte de soy.*

Pour le pluriel de *Se*, on vse de *Leur* genitif pluriel de *Il*: comme, *C'est le leur*, pour, *C'est a eulx. Ils sont leurs*, pour, *ils sont a eulx. Ils le feront leur*, pour *Il le s'approprieront.*

La SECONDE declinaison.

Soub ceste declinaison sont comprins les Pronoms demonstratifs & relatifs, lesquels se declinent par deux terminaisons, l'vne du masculin, l'autre du femenin.

Singulier,

Nominatif,	*Ce*, ou *Cest.*
Genitif,	*de Ce.*
Datif,	*a Ce.*
Accusatif,	*Ce*, semblable au nominatif.
Ablatif,	*de Ce*, semblable au genitif.

Pluriel,

Nominatif, *Ces.* ainsi en tous les cas: & est masculin ou femenim, comme, *Ces hommes, Ces femmes.*

Ce & *Cest*, ont ceste difference, combiẽ qu'ils signifient vne mesme chose: que *Ce* est mis deuãt les Noms qui cõmencent par consonante, ou par *h* qui se prononce: comme, *Ce bon homme*, *Ce loup*, *Ce liure*, *Ce hallebardier*, *Ce haran*. Mais *Cest* se met deuant les Noms qui commencent par voyelles ou par *h* qui ne se prononce point: comme, *C'est enfant*, *Cest homme*.

Le femenin singulier de *Cest*.

Nominatif,	*Ceste*.
Genitif,	*de Ceste*.
Datif,	*a Ceste*.
Accusatif,	*Ceste*, semblable au nominatif,
Ablatif,	*de Ceste*, semblable au genitif.

Pluriel.

Nominatif,	*Cestes*. ainsi par tous les cas.

Cestuy, *Cestuy ci*, *Cestuy la*.

De *Cest*, vient vng autre Pronom, *Cestuy*, ou cõme aucuns escriuent *Cesti*, qui ha *Ces*, pour son pluriel. A *Cestuy*, quelque fois on cõioingt *ci*, ou *la*: & dit on, *Cestuy ci*, a scauoir qui est pres de nous, & de qui on parle: & *Cestuy la*, qui est loing de nous, & de qui on a parle. Leur pluriel est *Ceulx*.

Ceci, *Cela*.

Ces deux demonstratifs viennent encores de *Ce*. *Ceci*, demonstre la chose presente ou prochaine: *Cela*, mõstre la chose plus esloignee. Aucunesfois on met vng mot entre deux: comme, *Ce liure ci*, *Ce liure la*, *Cest hõme ci*, *Cest hõme la*.

Celuy ou *Cil*.

De *Ce*, est encore compose *Celuy*, ou *Cil*, qui est vng Pronom demonstratif qui ne termine rien: pourtant on luy baille vng relatif qui le suit, pour determiner ce qu'il demonstre: comme, *Celuy est homme de bien qui uit selon Dieu*. Pour bien parler on ne met iamais *Ci* ne *La* apres: car ils sont aduerbes denotans certain lieu. Parquoy c'est mal parle Frãcois de dire, *Celuy la est homme de bien qui*, &c. car il faut dire, *Celuy est homme*, &c. Sõ pluriel est *Ceulx*. Le femenin singulier est *Celle*: & le pluriel, *Celles*.

La declinaiſon de *Il* ou *Luy*.

Nominatif,	*Il*, ou *Luy*.
Genitif,	*de Luy*.
Datif,	*Luy*, ou *a Luy*.
Accuſatif,	*Le*, ou *Luy*.
Ablatif,	*de Luy*, ſemblable au genitif.

Pluriel.

Nominatif,	*Ils* ou *Eulx*, ou *Les*.
Genitif,	*Leurs*, *de Leurs d'Eulx*.
Datif,	*a Eulx*, ou *Leur*.
Accuſatif,	*Ils*, ou *Eulx*, ou *Les*, ſemblable au no.
Ablatif,	*Leurs*, *de Leurs*, *d'Eulx*. ſemblable au ge.

Il & *Luy* different d'vſage: car *Il* ne ſe met pas ou ſe met *luy*, ne *Luy* ou ſe met *il*. car *Il* ſe met le plus ſouuẽt deuant le Verbe: *Il dit*, *Il fait*, *Il eſt bon*, *Il eſt neceſſaire*, *Il y a infinis hõmes*, *Il n'y a homme*. Es interrogations & reſponſes, ledict *il* ſe met apres le verbe: comme, *Fera il cela? Ce ſont ils*, *C'eſt il*, Mais *Luy* ſert aux reſponſes: comme *Qui a faict cela? Luy*, & non pas *il*.

Eulx, eſt de pareille nature que *Luy*.

Le femenin ſingulier de *Il*.

Nominatif,	*Elle*.
Genitif,	*d'Elle*.
Datif,	*a Elle*.
Accuſatif,	*Elle*, ou *La*.
Ablatif,	*d'Elle*.

Pluriel.

Nominatif,	*Elles*, ou *Les*.
Genitif,	*d'Elles*, ou *Leurs*.
Datif,	*a Elles*, ou *a Leurs*.
Accuſatif,	*Elles*.
Ablatif,	*d'Elles*, ou *Leurs*.

Le & *La*, ſont relatifs qui ne ſe ioignent ſinon aux verbes, & ſe mettent deuant: comme *Ie le uoy*, *Ie la uoy*. Toutesfois eſtãs ioincts a l'imperatif, ils ſe mettent apres: comme

I'ay a faire de ton liure, preste le moy, Fay le, Di le, Aime la. Ils sont tousiours accusatifs,sinō auec le verbe substātif: cō me *Ils sont bons hōmes,mais ils le sont de tant qu'ils craignēt Dieu.*

Iceluy & *Icelle* sont de mesme signification que sont *Il, Luy*,& *Elle.*

A ces pronoms souuēt on adioing ce mot *Mesme*,pour plus grāde vehemence & declaration:comme, *Ie l'ay faict moy mesme,Luymesme, Ellemesme:* comme qui diroit, *moy propre,& non autre.*

Qui, Que, Quel, Lequel.

Nous auōs encores d'autres relatifs,desquels celuy que nous appelons *Qui*, est le plus general, par ce qu'il sert a tous gēres,a tous nombres,& a toutes personnes. *Ie suis celuy qui t'ay secouru,Tu es celuy qui m'as tousiours aimé, nous sommes du nombre de ceulx qui uous aiment, Ie suis celle qui uous aime, &c.* Au demeurant il ne recoit point d'article. Et se decline ainsi qu'il sensuit.

Le singulier masculin,

Nominatif,	*Qui, Que, Quel, Lequel.*
Genitif,	*de Qui, de Quel, duQuel.*
Datif,	*a Qui,a Quel, auQuel.*
Accusatif	semblable au nominatif.
Ablatif	semblable au genitif.

Pluriel.

Nominatif,	*Qui, Quels, lesQuels.*
Genitif,	*de Qui,de Quels, desQuels.*
Datif,	*a Qui, a Quels, ausQuels.*
Accusatif	semblable au nominatif,
Ablatif	semblable au genitif.

On se sert de *Qui* auec les prepositions ainsi que des demonstratifs:comme, *A qui, De qui, Pour qui, Sur qui, En qui, &c.* Quelque fois il interrogue, *Qui est il? Qui estes uous?*

Nous vsons de *Que* quād la preposition n'y est point requise:comme, *Voila Iehan que uous demandiez.* Il n'est iamais nominatif qu'auec le verbe substantif de tous genres,nōbres,& personnes:comme,*Ie suis ce que ie suis,Tu es ce que tu es, Il est ce qu'il est.Nous sommes ce que nous sommes, Vous estes ce que uous estes.* Il est souuent interrogatif:comme,*Qu'estes uous?Qu'auez uous?* On vse aussi souuent de *Que*,pour *lequel:* comme,*I'ay parlé au Roy lequel uous desirez tãt:*ou, *que uous desirez tant.Ie parleray a cest hõme lequel uous craignez:*ou,*que uous &c.*Pareillement du femenin,*Ie prise bien la maison laquelle m'auez uendue:*ou,*que m'auez,&c.I'aime les remonstrãces lesquelles m'auez faictes:*ou,*que m'auez faictes.*

Le singulier femenin.

Nominatif,	*Qui, Que, Quelle, Laquelle.*
Genitif,	*de Qui,de Quelle,de la Quelle.*
Datif,	*a Qui,a Quelle,a la Quelle.*
Accusatif	semblable au nominatif.
Ablatif	semblable au genitif.

Pluriel,

Nominatif,	*Qui,Quelles,les Quelles.*
Genitif,	*de Qui,de Quelles,des Quelles.*
Datif,	*a Qui,a Quelles,ausQuelles.*
Accusatif	semblable au nominatif.
Ablatif	semblable au genitif.

Quel,vient du mot Latin qualis. *Ie ne scay quel il est: Quel hõme es tu?De quel hõme parlez uous?* Quãd il est relatif, il ne peut estre sans son article *le:* & son femenin *quelle*,ne peut estre sans *la*:comme,*I'ay ueu Pierre lequel uous cognoissez, I'ay ueu aussi sa femme laquelle uous aimez.* Lors aussi qu'il est relatif, il peut estre gouuerné par *du* & par *au:* comme,*Ie uous ay parlé de Pierre,duquel uous cognoissez la race:*ou,*auquel uous auez faict du plaisir*. Mais son pluriel est gouuerné par *des* & *aux*:comme,*Les hõmes desquels ie uous ay parlé,& ausquels uous uous fiez.* Ledict *Quel* ne peult estre aussi sans *le*,quand il est gouuerné des autres prepositions: cõme,*Par lequel, Par lesquels:Sur lequel,Sur lesquels:Oultre lesquels,Auec lesquels.*Ainsi du femenin,*lesquelles,desquelles,ausquelles,& esquelles.* Es interrogations nous nous seruons de ce *Quel*:comme,*Leque* *est ce d'entre vous qui viendra auec moy? Par quel moyen? De quelle race es tu?*

Quoy, il semble qu'il nous sert pour le Quid ou Quod des Latins:comme quand on dit, *Il ha dequoy, Quoy faisant, il viura*: cõme si on disoit en Latin, Quod faciẽdo. Il sert aussi pour aduerbe interrogatif, *Pourquoy? Surquoy? Dequoy?*

Y Aucuns dient estre Pronom relatif d'actiõs & passions, autant en pluriel, qu'en singulier: comme quãd on dit, *Il me fait beaucoup de fascheries, mais i'y pouruoyeray, Ie vous dis qu'il est fort malade, a fin que vous y auisiez. Prens garde a toy.* L'autre respond, *I'y pren garde.* Aucunesfois il fait relation de lieu : comme, *Vous vous en allez a Paris, ie m'y en iray apres vous, Y allez vous? Y passerez vous?*

Il fault noter que nous vsons de ce petit mot *Dõt*, pour *de qui, duquel, desquels, de laquelle, desquelles*: comme, *I'ay veu le liure dont vous parlez, Les hommes dõt vous parlez, La femme & les choses dont vous m'auez escript.*

La TIERCE declinaison.

Ceste tierce declinaison contient les Pronoms possessifs, *Mon, Ton, Son* (ou *Mien, Tien, Sien*) *Nostre, Vostre.*

Le singulier masculin,

Nominatif,	*Mon, Mien, le Mien.*
Genitif,	*de Mon, du Mien.*
Datif,	*a Mon, au Mien.*
Accusatif	semblable au nominatif.
Vocatif,	*Mon.*
Ablatif	semblable au genitif.

Pluriel,

Nominatif,	*Mes, Miens, les Miens.*
Genitif,	*de Mes, des Miens.*
Datif,	*a Mes, aux Miens.*
Accusatif	semblable au nominatif.
Vocatif,	*Mes.*
Ablatif	semblable au genitif.

Le singulier du femenin.

Nominatif,	*Ma, Mienne, la Mienne.*
Genitif,	*de Ma, de la Mienne.*
Datif,	*a Ma, a la Mienne.*
Accusatif	semblable au nominatif.
Vocatif,	*Ma.*
Ablatif	semblable au genitif.

Le pluriel,

Nominatif,	*Mes, Miennes, les Miennes.*
Genitif,	*de Mes, des Miennes.*
Datif,	*a Mes, aux Miennes.*
Accusatif	semblable au nominatif.
Vocatif,	*Mes.*
Ablatif	semblable au genitif.

Ainsi se declinent *Ton, Ta, Tien, Tienne: Son, Sa, Sien, Sienne:* fors qu'ils n'ont point de vocatifs.

Mon, Ton, Son masculins, aucunesfois se mettent au lieu de *Ma, Ta, Sa* femenins, auant les noms commenceans par voyelles, comme *Mon ame, Ton auantgarde, Ton oreille, Son ignorance.* Quelque fois nous disons, *M'amie, M'amour:* mais c'est en ostant *a* de *ma*, ou plustost *on* de *mon*, a cause que la pronõtiation seroit trop rude: & au lieu des lettres defaillãtes on met vng apostrophe, qui denote l'absense desdictes lettres, ainsi que dict a esté ci dessus, au commencement qu'il a esté traicté de l'apostrophe.

On se sert aussi de *Mon, Ton, Son* quand on respõd a quelque demande, en reprenant le substantif de l'interrogation, comme, *Estce la ton maistre? Ouy, c'est mon maistre.* Que si on ne veult reprendre le substantif, on vse de *Mien, Tien, Sien: Est ce la ton liure? C'est le mien.* Et ne se mettẽt gueres sans les articles *le, la, les, C'est le mien, La mienne, La sienne.* Auec le verbe substantif ils n'ont point ces articles: soit que les relatifs *qui, le, lequel:* ou demõstratifs (fors *Ce*) precedẽt ou nõ: comme, *Ce cheual est mien, C'est celuy qui est tien, Lequel est tien, Cestuy ci est tien, Cestuy la est sien.* Fors *Ce*, dis ie: car nous ne di sons pas, *Ce est tien*, mais *C'est le tien*.

La declinaison de *Nostre*, & *Vostre*.

Le singulier.

Nominatif,	*Nostre*, *le Nostre*.
Genitif,	*de Nostre*, *du Nostre*.
Datif,	*a Nostre*, *au Nostre*.
Accusatif	semblable au nominatif.
Vocatif,	*Nostre*.
Ablatif	semblable au genitif.

Le pluriel,

Nominatif,	*Nostres*, ou *Nos*, ou *les Nostres*.
Genitif,	*des Nostres*, *de Nos*.
Datif,	*aux Nostres*, *a Nos*.
Accusatif	semblable au nominatif.
Vocatif,	*Nos*.
Ablatif	semblable au genitif.

Le femenin est tout pareil, excepté que l'article est femenin, *la Nostre*, *de la Nostre*.

Ainsi se decline *Vostre*, fors qu'il n'a point de vocatif.

Il y a quelque differẽce entre *Nostres* & *Nos*, *Vostres* & *Vos*, quãt a l'vsage: pourtãt que nous vsons de *Nos* & *Vos* quãd le substantif sensuit, comme *Nos amis*, *Vos amis*: *Nos lettres*, *Vos lettres*. Mais si le substantif n'est point exprimé, ou qu'il soit mis deuant, lors nous vsons de *Nostres* & *Vostres*. cõme *Ces liures sont nostres*, ou *Vostres*: *Qui sont ces liures? Nostres*. ou *A qui sont ces liures? Ils sont nostres*.

Il y a vng pronom qu'aucuns appellent reiteratif de la mesme personne, soit nom ou pronom: qui est *mesme*, & au pluriel *mesmes*: comme, *Ie suis du mesme conseil*, *Les maris des mesmes femmes*, *I'ay parle a luymesme*, ou *a eulxmesmes*, *Moymesme le feray*.

DES VERBES.

VErbes, ce sont mots qui signifient, ou faire quelque chose, comme *Aimer:* ou souffrir, comme, *Ie suis aimé, Ie suis batu.*

Ceulx qui signifiẽt faire quelque chose sont pource appelez actifs. Les autres qui signifient souffrir, sont appelez passifs. Les vrayement & parfaictemẽt actifs forment d'eulx mesmes vng participe preterit, dõt sont faicts les verbes passifs, auec le verbe substantif, duquel ci apres est parlé: comme ce verbe *Aimer*, forme de soy *Aimé*, participe preterit, dont on dit, *Ie suis aimé.*

Il y a vne autre sorte de verbes qui ne sont n'actifs, ne passifs: pourtãt sont appelez neutres, & n'ont point de declinaison passiue, comme *Rire, Ie ris, tu ris, &c. Courir, Aller.*

Oultre ces trois sortes il y a le verbe nõmé substantif, qui est *Estre:* qui ne signifie action ne passion: mais seulemẽt il denote l'estre & existence ou subsistãce d'vne chascune chose qui est signifiee par le Nõ ioinct auec luy: cõme, *Ie suis, Tu es, Il est.* Toutesfois il est si necessaire a toutes actions & passions, que nous ne trouuerons verbes qui ne se puissent resouldre par luy: par ce que toute actiõ ou passion requiert existence, ou subsistance & estre.

Il y a vne sorte de verbes nommez impersonels, a cause qu'ils n'ont ne personnes ne nombres: c'est a dire, quand on en vse, on ne scait de qui c'est qu'on parle, ne si c'est a vne ou plusieurs personnes: seulemẽt ont les modes, & les temps distinguez, & sont tous tierces personnes. Ils sont de deux sortes en Latin: les vns finissent en t, pour lesquels expliquer & rendre en Francois, on prepose *il:* comme Oportet, *il fault:* Oportuit, *il a fallu*. Les autres se terminent en tur. a tels pour les exposer en Francois, on prepose *on:* comme, Amatur, *on aime:* Amabatur, *on aimoit:* Dicitur, *on dit.* En laquelle maniere de parler quelque fois *Ils* prend la place de *on*, comme, *Ils disent*, pour *on dit.*

LES ACCIDENS DV VERBE.

Le Verbe ha ſept accidens,qui ſont,Mode,Temps,Eſpece,Figure,Coniugaiſon,Perſonne,& Nombre.

Des modes.

Les Modes ſont de cinq ſortes.La premiere ſappelle Indicatiue, pourtant que le Verbe aucuneſfois demonſtre que quelque choſe ſe fait,ou qu'elle ſe faiſoit,ou qu'elle a eſté faicte,ou qu'elle ſe fera:cõme,I'*aime*, I'*aimoye*, I'*ay aimé*, I'*auoye aimé*,I'*aimeray*.

La ſeconde mode ou maniere du Verbe,ſappelle Imperatiue,quãd par iceluy on cõmande de faire quelque choſe:cõme *Aime.* Elle n'ha point de preterit:car on ne peult commander pour le paſſé,qui eſt temps irreuocable. Elle n'ha donc que le preſent, qui toutesfois n'eſt point ſi preſent qu'il ne tienne quelque choſe du futur temps.auſſi de vray ce ſeroit commander ſans propos a celuy qui ia feroit ce qu'on luy a commandé. Auec ce,on ha de couſtume,quand bon ſemble,de luy adiouſter aucuns Noms & Aduerbes ſignifians temps:cõme *Fai cela demain, a ceſte heure,preſentement*: dont la pluſpart emporte le futur. Quelque fois on ſe ſert du futur de l'Indicatif pour l'Imperatif:comme,*Vous ferez cela*,*Tu iras la*.Combien que par l'Imperatif,auſſi propremẽt ſe puiſſe dire.car autant vault *Faites cela*,& *Va la*,que,*Vous ferez cela*,&*Tu iras la*,prononcez en facon de commandement,ou remonſtrance auec les plus grans.car les ſoubiectz ou moindres ne peuuent pas commander a plus grans qu'eulx: veu qu'entre les eſgaux meſmes le commandement n'ha point de lieu.Parquoy il eſt euident que ceſt Imperatif eſt plus futur que preſent: ou que pour le moins nous le pouons appeler auſſi bien futur que preſent.

La tierce mode ſappelle Optatiue: quand on ſouhaite & deſire que quelque choſe ſe face preſentemẽt,ou qu'elle euſt eſte faicte, ou qu'elle ſe face a l'aduenir: comme, *O que uolontiers i'Aimeroye,i'Auroye aimé,Dieu uueille que i'Aime.*

La quarte maniere s'appelle Conionctiue, ou Subionctiue: quand on parle auec cause ou condition, & qu'il y a deux modes & manieres ioinctes ensemble pour faire sentence parfaicte. comme si ie di, *Quand ie l'auray dict*, la sentence n'est pas parfaicte, si ie n'adiouste quelque chose, cõme, *tu le sçauras*, ou semblable. *Pourquoy l'aimeroye ie, ueu qu'il ne me feit iamais que mal?*

La cinquieme mode des verbes, se nomme Infinitiue: quand le verbe mis seul, ne determine ou demonstre certaine personne qui face ou endure quelque chose: ne le tẽps ouquel l'action se face: ne le nombre des personnes qui la font, vng, ou plusieurs: cõme, *Aimer*. Si autres mots ne sont adioincts a cestuy, on ne sçait qui aime, toy, ou moy, ou autre, ne en quel temps, & combien on est. Elle ha vng præterit, lequel signifie temps: comme, *Auoir aimé*. Ceste mode est la source dont prouiennent toutes les parties d'vng Verbe.

Les Latins ont vng futur, comme, Amaturũ esse: que les Francois declarent & representent par le futur Indicatif, en adioustant ce mot *Que*, comme quand nous disons, *I'espere que Iehan aimera*.

Quant a ceulx que les Latins appellent Gerundia & Supina, les Francois n'en ont besoing: car ils les exprimẽt & representẽt par les infinitifs ou participes. comme au lieu que les Latins dient, Eo venatũ, les Francois dient, *Ie m'en uay chasser*. Redeo venatu, *Ie reuien de chasser*. Veni venandi gratia, *Ie suis uenu pour chasser*. Recreatur animus venando, *On s'esbat en chassant*. Nous en pouons bien dire aucuns autrement, comme, *Ie uay a la chasse, &c.*

Des temps.

Il y a trois principales manieres de temps: Le present, Le preterit ou passé, & le futur.

Par le temps present nous est donné a entendre que la chose de quoy on parle, se fait presentement: comme, *Ie t'aime, Tu es aimé de moy.*

Le temps preterit & passé est diuisé en trois temps. le premier se nomme Temps præterit imparfaict, pour tant qu'il ne nous denote pas vng accomplissement ne perfection d'vne action ou passion passee, mais tant seulemẽt auoir esté commencee: comme, I'*aimoye*.

Le second s'appelle Preterit parfaict, lequel est de deux sortes: l'vne est simple, qui denote l'action ou passion parfaicte: duquel toutesfois le temps n'est pas bien determiné, de sorte qu'il despend de quelque autre: comme, *Ie vei le Roy lors qu'il fut couronné, Ie fei ce que tu m'auois commandé, soudain que ie receu tes lettres, Ie leu hier les lettres que tu m'auois enuoyees il y a huict iours.* L'autre est composee du verbe *auoir*, & d'vng participe du temps passé: & signifie le temps du tout passé, ne requerant aucune suite qui luy soit necessaire pour donner perfection du sens: comme, I'*ay veu le Roy*, I'*ay faict ce que tu m'as cõmãdé*, I'*ay leu tes lettres*. Il en y a encores deux sortes: l'vne qui se fait par le preterit parfaict dudict verbe *auoir*, & le mesme participe du verbe qu'on traicte: cõme, I'*eu aimé*. L'autre encores par le preterit parfaict du verbe qu'on traicte: cõme, I'*ay eu aimé*. Ces deux sortes sont indeterminees, comme aussi le preterit plus que parfaict: & pourtãt requierẽt vne cause precedẽte ou subsequente le plus souuẽt auec tẽps preterit: cõme, I'*auoye faict quãd vous veintes*. I'*eu faict quãd vous arriuastes*. I'*eusse faict si tu me l'eusses escript*. I'*ay eu faict auant qu'il arriuast*.

Le tiers s'appelle Preterit plus que parfaict: lequel se forme par le preterit imparfaict de I'*ay, as, a*: auec le participe preterit du verbe qu'on traicte: comme, I'*auoye aimé*.

Le Futur signifie le temps a venir: cõme, I'*aimeray*. Il ne se diuise point que par Aduerbes, ou Noms signifiãs tẽps: comme, *Ie le feray a ceste heure, maintenant, demain, dedens huict iours*. Quelque fois aussi pour mõstrer la chose future plus que presente, nous disons par le preterit parfaict, I'*ay faict maintenant*, I'*ay dict*, I'*ay tout incontinent disné*: pour, *Ie feray, di-*

ray, disneray incontinant.

Des Especes des Verbes.

Il y a deux especes de Verbes: l'vne primitiue, quand le verbe est premier, & n'est point forme ne deriue d'vng Nom. comme *Aimer.* L'autre, deriuatiue, quand il est forme & deriue d'vng Nom. comme de *Melancholie, melancholier:* de *Cholere, cholerer:* de *Fient, fienter:* de *Ris, rire.*

Au regard de ces deriuatifs Latins, cõme le Frequentatif, Meditatif, & Desideratif, les Francois n'en ont point en ceste signification. Et quant a l'Inchoatif, nous l'exprimons par le verbe *commencer.* cõme, *Ie cõmence auoir faim.* Et le Meditatif Latin en rio, par verbes de desir: comme Parturio, *Ie desire, ie veulx enfanter.* Et quant au Frequentatif, nous l'exprimons par l'Aduerbe *souuent,* & ses semblables. comme, *Ie hante, ou vay souuent.* Et combien que *Visiter* soit tire de Visito Latin, & frequentatif, il n'en garde pas toutesfois la signification en nostre langue: tellement qu'il ha besoing de l'Aduerbe *souuẽt.* comme, *Ie visite souuẽt le Palais, & les prisonniers.* Nous en auons qui signifient imitation, terminez en *zer,* comme *tyrannizer, Latinizer, Grecizer.*

Des Figures.

Les Verbes ont aussi bien que les Noms & Pronoms, simple figure & composee. La simple, comme *Dire, Veoir, Ouir.* La composee, comme *Contredire, Preuoir, Defier.*

Des Coniugaisons.

Il y a quatre coniugaisons des Verbes, separees selon la diuerse terminaison des infinitifs.

La premiere se termine en *er* long: cõme, *Aimer, Frapper, Donner.*

La seconde en *oir:* comme, *Veoir, Pouoir.*

La tierce en *re* brief: comme, *Dire, Battre, Cognoistre, Faire.*

La quatrieme en *ir:* comme, *Fuir, Iouir, Gaudir.*

Des Personnes.

Cõme les Pronõs, aussi les Verbes ont trois personnes.

La premiere parle de ſoy, & non d'autre, par action ou paſſion: comme, *I'aime Pierre, ou Ie ſuis aimé de Pierre.* Mais au pluriel elle peult comprẽdre toute autre perſonne: *Toy & moy auons faict cela. Luy & moy & toy auons faict cela.*

La ſeconde perſonne eſt celle a qui nous addreſſons la parolle: cõme, *Tu aimes*. De laquelle auſſi le pluriel peult ſadioindre la tierce perſonne: comme, *Vous & Pierre irez la.* Les Francois ſouuent vſurpent ceſte ſeconde perſonne pluriele pour la ſinguliere, parlans a plus grãs que ſoy: comme, *Vous eſtes mon pere & ſeigneur.*

La tierce perſonne eſt celle de qui, ſoit preſente ou abſente, nous parlõs, ſans luy addreſſer la parolle. comme, *Pierre eſt alle la. Les hommes ſont quelques fois pires que les beſtes.*

Des Nombres.

Tout ainſi que les Noms, ſemblablement les Verbes ont deux nombres: le ſingulier: comme, *Ie li:* Et le pluriel: comme, *Nous liſons.*

IL FAVLT maintenant veoir les exemples des quatre coniugaiſons, pour plus ample demõſtration des modes, auſſi des temps & perſonnes. Et pourtant que le verbe *Auoir*, dict en Latin Habere: & le verbe *Eſtre*, que les Latins appellent Sum ou Eſſe, ſeruent aux coniugaiſons des autres: il les fault premiers coniuguer: principalemẽt le verbe *Auoir*, pourtant qu'il ſert & a ſoimeſme, & au verbe *Eſtre:* & le verbe *Eſtre* auſſi ſert neceſſairemẽt non ſeulement aux paſſifs, mais auſſi a pluſieurs neutres, comme *Aller* & *Venir.*

CONIVGAISON DV VERBE AVOIR.

L'INDICATIF

Preſent,

S. *i'Ay, tu As, il Ha.*

P. *nous Auons, uous Auez, ils Ont.*

Nous eſcriuons *ha* en la tierce perſonne pour le diſcerner d'auec la prepoſition.

Preterit imparfaict,

S. i'Auoye, tu Auois, il Auoit.

P. nous Auions, uous Auiez, ils Auoyent.

Preterit parfaict,

S. i'Eu, tu Eus, il Eut.

P. nous Eusmes, uous Eustes, ils Eurent.

En *eusmes* & *eustes*, on escrit vne *s* qui ne se prononce point, mais seulemẽt sert de prolonger la syllabe.

Autrement,

S. i'Ay eu, tu As eu, il A eu.

P. nous Auons eu, uous Auez eu, ils Ont eu.

Preterit plus que parfaict,

S. i'Auoye eu, tu Auois eu, il Auoit eu.

P. nous Auions eu, uous Auiez eu, ils Auoyent eu.

Futur imparfaict,

S. i'Auray, tu Auras, il Aura.

P. nous Aurons, uous Aurez, ils Auront.

Futur parfaict,

S. i'Auray eu, tu Auras eu, il Aura eu.

P. nous Aurons eu, uous Aurez eu, ils Auront eu.

L'IMPERATIF

Present & Futur,

S. Ayes, qu'il Ait.

P. Ayons, Ayez, qu'ils Ayent.

L'OPTATIF

Present, O que uolontiers

S. i'Auroye, tu Aurois, il Auroit.

P. nous Aurions, uous Auriez, ils Auroyent.

Autrement, Pleust a Dieu que

S. i'Eusse, tu Eusses, il Eust.

P. nous Eussions, uous Eussiez, ils Eussent.

Preterit parfaict, O que uolontiers

S. i'Auroye eu, tu Aurois eu, il Auroit eu.

P. nous Aurions eu, uous Auriez eu, ils Auroyent eu.

Aucuns escriuent, i'Aroye, tu Arois, &c.

Preterit plus que parfaict, *Pleust a Dieu que, ou O si*

S. *i'Eusse eu, tu Eusses eu, il Eust eu.*

P. *nous Eussions eu, uous Eussiez eu, ils Eussent eu.*

Futur, *Dieu ueuille que*

S. *i'Aye, tu Ayes, il Ait.*

P. *nous Ayons, uous Ayez, ils Ayent.*

LE CONIONCTIF

Present, *Combien que, ou Comme ainsi soit que*

S. *i'Aye, tu Ayes, il Ait.*

P. *nous Ayons, uous Ayez, ils Ayent.*

Autrement, *Veu que*

S. *i'Ay, tu As, il Ha.*

P. *nous Auons, uous Auez, ils Ont.*

Preterit imparfaict, *Quand*

S. *i'Auroye, tu Aurois, il Auroit.*

P. *nous Aurions, uous Auriez, ils Auroyent.*

Autrement, *Combien que*

S. *i'Eusse, tu Eusses, il Eust.*

P. *nous Eussions, uous Eussiez, ils Eussent.*

Preterit parfaict, *Combien que*

S. *i'Aye eu, tu Ayes eu, il Ait eu.*

P. *nous Ayons eu, uous Ayez eu, ils Ayent eu.*

Autrement, *Veu que*

S. *i'Ay eu, tu As eu, il A eu.*

P. *nous Auons eu, uous Auez eu, ils Ont eu.*

Preterit plus que parfaict, *Quand*

S. *i'Auroye eu, tu Aurois eu, il Auroit eu.*

P. *nous Aurions eu, uous Auriez eu, il Auroyent eu.*

Autrement, *Combien que*

S. *i'Eusse eu, tu Eusses eu, il Eust eu.*

P. *nous Eussions eu, uous Eussiez eu, ils Eussent eu.*

Encores autrement, *Veu que*

S. *i'Auoye eu, tu Auois eu, il Auoit eu.*

P. *nous Auions eu, uous Auiez eu, ils Auoyent eu.*

Futur, *Quand*

S. *i'Auray eu, tu Auras eu, il Aura eu.*

P. *nous Aurons eu, uous Aurez eu, ils Auront eu.*

L'INFINITIF

Present,

Auoir.

Preterit parfaict,

Auoir eu.

LES PARTICIPES.

Il ha deux participes: l'vng present, *Ayant*: l'autre passif, *Eu*.

CONIVGAISON DV VERBE ESTRE,

L'INDICATIF

Present,

S. *ie Suis, tu Es, il Est.*

P. *nous Sommes, uous Estes, ils Sont.*

Preterit imparfaict,

S. *i'Estoye, tu Estois, il Estoit.*

P. *nous Estions, uous Estiez, ils Estoyent.*

Preterit parfaict,

S. *ie Fu, tu Fus, il Fut.*

P. *nous Fusmes, uous Fustes, ils Furent.*

Autrement,

S. *i'Ay esté, tu As esté, il A esté.*

P. *nous Auons esté, uous Auez esté, ils Ont esté.*

Preterit plus que parfaict,

S. *i'Auoye esté, tu Auois esté, il Auoit esté.*

P. *nous Auions esté, uous Auiez esté, ils Auoyent esté.*

Futur imparfaict,

S. *ie Seray, tu Seras, il Sera.*

P. *nous Serons, uous Serez, ils Seront.*

Futur parfaict,

S. *i'Auray esté, tu Auras esté, il Aura esté.*

P. *nous Aurons esté, uous Aurez esté, ils Auront esté.*

L'IMPERATIF

Present & Futur,

S. *Sois, qu'il Soit.*

P. *Soyons, Soyez, qu'ils Soyent.*

L'OPTATIF

Present, O *que uolontiers*

S. *ie Seroye, tu Serois, il Seroit.*

P. *nous Serions, uous Seriez, ils Seroyent.*

Autrement, *Pleust a Dieu que*, ou O *que*

S. *ie Fusse, tu Fusses, il Fust.*

P. *nous Fussions, uous Fussiez, ils Fussent.*

Preterit parfaict, O *que uolontiers*

S. *i'Auroye esté, tu Aurois esté, il Auroit esté.*

P. *nous Aurions esté, uous Auriez esté, ils Auroyent esté.*

Preterit plus que parfaict, *Pleust a Dieu que*, ou O *si*

S. *i'Eusse esté, tu Eusses esté, il Eust esté.*

P. *nous Eussions esté, uous Eussiez esté, ils Eussent esté.*

Futur, *Dieu ueuille que*

S. *ieSoye, tu Sois, il Soit.*

P. *nous Soiyons, uous Soiyez, ils soyent.*

LE CONIONCTIF

Present, *Combien que*, ou *Comme ainsi soit que*

S. *ie Soye, tu Sois, il Soit.*

P. *nous Soiyons, uous Soiyez, ils Soyent.*

Autrement, *Veu que*

S. *ie Suis, tu Es, il Est.*

P. *nous Sommes, uous Estes, ils Sont.*

Preterit imparfaict, *Quand*

S. *ie Seroye, tu Serois, il Seroit.*

P. *nous Serions, uous Seriez, ils Seroyent.*

Autrement, *Combien que*

S. *ie Fusse, tu Fusses, il fust.*

P. *nous Fussions, uous Fussiez, ils Fussent.*

Preterit parfaict, *Combien que*

S. *i'Aye esté, tu Ayes esté, il Ait esté.*

P. nous Ayons esté, uous Ayez esté, ils Ayent esté.

Autrement, *Veu que*

S. i'Ay esté, tu As esté, il A esté.

P. nous Auons esté, uous Auez esté, ils Ont esté.

Preterit plus que parfaict, *Quand*

S. i'Auroye esté, tu Aurois esté, il Auroit esté.

P. nous Aurions esté, uous Auriez esté, il Auroyent esté.

Autrement, *Combien que*

S. i'Eusse esté, tu Eusses esté, il Eust esté.

P. nous Eussions esté, uous Eussiez esté, ils Eussent esté.

Encores autrement, *Veu que*

S. i'Auoye esté, tu Auois esté, il Auoit esté.

P. nous Auions esté, uous Auiez esté, ils Auoyent esté.

Futur, *Quand*

S. i'Auray esté, tu Auras esté, il Aura esté.

P. nous Aurons esté, uous Aurez esté, ils Auront esté.

L'INFINITIF

Present,

Estre.

Preterit parfaict,

Auoir esté.

LES PARTICIPES.

Il ha vng participe present, *Estant.*

EXEMPLE DE LA PREMIERE CONiugaison terminee en ER, comme *Aimer.*

L'INDICATIF

Present,

S. i'Aime, tu Aimes, il Aime.

P. nous Aimons, uons Aimez, ils Aiment.

Preterit imparfaict,

S. i'Aimoye, tu Aimois, il Aimoit.

P. nous Aimions, uous Aimiez, ils Aimoyent.

Preterit parfaict,

S. i'Aimay, tu Aimas, il Aima.

P. nous Aimasmes, uous Aimastes, ils Aimerent.

Aucuns escriuent, i'Aimi, tu Aimis, &c.

Autrement,

S. i'Ay aimé, tu As aimé, il A aimé.

P. nous Auons aimé, uous Auez aimé, ils Ont aimé.

Autre preterit parfaict propre au Francois, & non au Latin,

S. i'Eu aimé, tu Eus aimé, il Eut aimé.

P. nous Eusmes aimé, uous Eustes aimé, ils Eurent aimé.

Autrement,

S. i'Ay eu aimé, tu As eu aimé, il A eu aimé.

P. nous Auons eu aimé, uous Auez eu aimé, ils Ont eu aimé.

Preterit plus que parfaict,

S. i'Auoye aimé, tu Auois aimé, il Auoit aimé.

P. nous Auions aimé, uous Auiez aimé, ils Auoyent aimé.

Futur imparfaict,

S. i'Aimeray, tu Aimeras, il Aimera.

P. nous Aimerons, uous Aimerez, ils Aimeront.

Futur parfaict,

S. i'Auray aimé, tu Auras aimé, il Aura aimé.

P. nous Aurons aimé, uous Aurez aimé, ils Auront aimé.

L'IMPERATIF

Present & futur,

S. Aime, qu'il Aime.

P. Aimons, Aimez, qu'ils Aiment.

L'OPTATIF

Present, O que uolontiers

S. i'Aimeroye, tu Aimerois, il Aimeroit.

P. nous Aimerions, uous Aimeriez, ils Aimeroyent.

Autrement, Pleust à Dieu que

S. i'Aimasse, tu Aimasses, il Aimast.

P. nous Aimissions, uous Aimissiez, ils Aimassent.

Preterit parfaict, O que uolontiers

S. i'Auroye aimé, tu Aurois aimé, il Auroit aimé.

P. nous Aurions aimé, uous Auriez aimé, ils Auroyent aimé.

Preterit plus que parfaict, *Pleust a Dieu que*, ou *O si*

S. *i'Eusse aimé, tu Eusses aimé, il Eust aimé.*

P. *nous Eussions aimé, uous Eussiez aimé, ils Eussent aimé.*

Autrement, *O si*, ou *O que uolontiers*

S. *i'Eusse eu aimé, tu Eusses eu aimé, il Eust eu aimé.*

P. *nous Eussions eu aimé, uous Eussiez eu aimé, il Eussent eu aimé.*

Futur, *Dieu ueille que*

S. *i'Aime, tu Aimes, il Aime.*

P. *nous Aimions, uous Aimiez, ils Aiment.*

LE CONIONCTIF

Present, *Combien que*, ou *Comme ainsi soit que*

S. *i'Aime, tu Aimes, il Aime.*

P. *nous Aimions, uous Aimiez, ils Aiment.*

Preterit imparfaict, *Quand*

S. *i'Aimeroye, tu Aimerois, il Aimeroit.*

P. *uous Aimerions, uous Aimeriez, ils Aimeroyent.*

Autrement, *Combien que*

S. *i'Aimasse, tu Aimasses, il Aimast.*

P. *nous Aimissions, uous Aimissiez, ils Aimassent.*

Encore autrement, *Veu que*

S. *i'Aimoye, tu Aimois, il Aimoit.*

P. *nous Aimions, uous Aimiez, ils Aimoyent.*

Preterit parfaict, *Combien que*, ou *Comme ainsi soit que*

S. *i'Aye aimé, tu Ayes aimé, il Ait aimé.*

P. *nous Ayons aimé, uous Ayez aimé, ils Ayent aimé.*

Autrement, *Veu que*

S. *i'Ay aimé, tu As aimé, il A aimé.*

P. *nous Auons aimé, uous Auez aimé, ils Ont aimé.*

Encores autrement, *Combien que*

S. *i'Aye eu aimé, tu Ayes eu aimé, il Ait eu aimé.*

P. *nous Ayons eu aimé, uous Ayez eu aimé, ils Ayent eu aimé.*

Item autrement, *Veu que*

S. *i'Ay eu aimé, tu As eu aimé, il A eu aimé.*

P. *nous Auons eu aimé, uous Auez eu aimé, ils Ont eu aimé.*

Preterit plus que parfaict, *Quand*

S. *i'Auroye aimé, tu Aurois aimé, il Auroit aimé.*

P. *nous Aurions aimé, uous Auriez aimé, ils Auroyent aimé.*

Autrement, *Combien que*

S. *i'Eusse aimé, tu Eusses aimé, il Eust aimé.*

P. *nous Eussions aimé, uous Eussiez aimé, ils Eussent aimé.*

Encores autrement, *Combien que*

S. *i'Eusse eu aimé, tu Eusses eu aimé, il Eust eu aimé.*

P. *nous Eussions eu aimé, uous Eussiez eu aimé, ils Eussent eu aimé.*

Item autrement, *Veu que*

S. *i'Auoye aimé, tu Auois aimé, il Auoit aimé.*

P. *nous Auions aimé, uous Auiez aimé, ils Auoyent aimé.*

Futur, *Quand*

S. *i'Auray aimé, tu Auras aimé, il Aura aimé.*

P. *nous Aurons aimé, uous Aurez aimé, ils Auront aimé.*

Autrement, *Quand*

S. *i'Auray eu aimé, tu Auras eu aime, &c.*

L'INFINITIF

Present,

Aimer.

Preterit,

Auoir aimé, ou *Auoir eu aimé.*

LES PARTICIPES.

Il ha deux participes: l'vng present actif: *Aimãt.* L'autre preterit passif, *Aimé.*

De ce participe preterit est formé le verbe passif ioinct aux temps & modes du verbe substantif, en luy donnant le nombre & le sexe tel que requiert le nom precedãt, cõme, *Pierre est aimé, Iehanne est aimee. Les hommes sont aimez, Les femmes sont aimees.*

EXEMPLE, ESTRE AIMÉ.

L'INDICATIF

Present,

S. *ie Suis aimé, tu Es aimé, il Est aimé.*

P. *nous Sommes aimez, uous Estes aimez, ils Sont aimez.*

Preterit imparfaict,

S. i'Auoye esté aimé, tu Auois esté aimé, il Auoit esté aimé.

P. nous Auions esté aimez, uous Auiez esté aimez, ils Auoyent esté aimez.

Preterit parfaict,

S. ie Fu aimé, tu Fus aimé, il Fut aimé.

P. nous Fusmes aimez, uous Fustes aimez, ils Furent aimez.

Autrement,

S. i'Ay esté aimé, tu As esté aimé, il A esté aimé.

P. nous Auons esté aimez, uous Auez esté aimez, ils Ont esté aimez.

Preterit plus que parfaict,

S. i'Auoye esté aimé, tu Auois esté aimé, il Auoit esté aimé.

P. nous Auiõs esté aimez, uous Auiez esté aimez, ils Auoyent esté aimez.

Futur imparfaict,

S. ie Seray aimé, tu Seras aimé, il Sera aimé.

P. nous Serons aimez, uous Serez aimez, ils Seront aimez.

Futur parfaict,

S. i'Auray esté aimé, tu Auras esté aimé, il Aura esté aimé.

P. nous Aurõs esté aimez, uous Aurez esté aimez, ils Aurõt esté aimez.

L'IMPERATIF

Present,

S. Sois aimé, qu'il Soit aimé.

P. Soyons aimez, Soyez aimez, Soyent aimez.

L'OPTATIF

Present, O que uolontiers

S. ie Seroye aimé, tu Serois aimé, il Seroit aimé.

P. nous Serions aimez, uous Seriez aimez, ils Seroyent aimez.

Autrement, Pleust à Dieu que

S. ie Fusse aimé, tu Fusses aimé, il fust aimé.

P. nous Fussions aimez, uous Fussiez aimez, ils Fussent aimez.

Preterit parfaict, O que uolontiers

S. i'Auroye esté aimé, tu Aurois esté aimé, il Auroit esté aimé.

P. nous Aurions esté aimez, uous Auriez esté aimez, ils Auroyent esté aimez.

Preterit plus que parfaict, *Pleust a Dieu que*, ou *O si*

S. *i'Eusse esté aimé, tu Eusses esté aimé, il Eust esté aimé.*

P. *nous Eussions esté aimez, uous Eussiez esté aimez, ils Eussent esté aimez.*

Futur, *Dieu ueille que*

S. *ie Soye aimé, tu Soyes aimé, il Soit aimé.*

P. *nous Soyons aimez, uous Soyez aimez, ils Soyent aimez.*

CONIONCTIF

Present, *Combien que*, ou *Comme ainsi soit que*

S. *ie Soye aimé, tu Sois aimé, il Soit aimé.*

P. *nous Soyons aimez, uous Soyez aimez, ils Soyent aimez.*

Autrement, *Veu que*

S. *ie Suis aimé, tu Es aimé, il Est aimé.*

P. *nous Sommes aimez, uous Estes aimez, ils Sont aimez.*

Preterit imparfaict, *Quand*

S. *ie Seroye aimé, tu Serois aimé, il Seroit aimé.*

P. *nous Serions aimez, uous Seriez aimez, ils Seroyent aimez.*

Autrement, *Combien que*

S. *ie Fusse aimé, tu Fusses aimé, il Fust aimé.*

P. *nous Fussions aimez, uous Fussiez aimez, il Fussent aimez.*

Preterit parfaict, *Combien que*

S. *i'Aye esté aimé, tu Ayes esté aimé, il Ait esté aimé.*

P. *nous Ayõs esté aimez, uous Ayez esté aimez, ils Ayent esté aimez.*

Autrement, *Veu que*

S. *i'Ay esté aimé, tu As esté aimé, il A esté aimé.*

P. *nous Auons esté aimez, uous Auez esté aimez, ils Ont esté aimez.*

Preterit plus que parfaict, *Quand*

S. *i'Auroye esté aimé, tu Aurois esté aimé, il Auroit esté aimé.*

P. *nous Aurions esté aimez, uous Auriez esté aimez, ils Auroyent esté aimez.*

Autrement, *Combien que*

S. *i'Eusse esté aimé, tu Eusses esté aimé, il Eust esté aimé.*

P. *nous Eussions esté aimez, uous Eussiez esté aimez, ils Eussent esté aimez.*

Encores autrement, *Veu que*

S. *i'Auoye esté aime, tu Auois esté aime, il Auoit esté aimé.*

P. *nous* Auions *este aimez*, *uous* Auiez *este aimez*, *ils* Auoyēt *este aimez*.

Futur, *Quand*

S. *i'* Auray *este aimé*, *tu* Auras *este aimé*, *il* Aura *este aimé*.

P. *nous* Aurons *este aimez*, *uous* Aurez *este aimez*, *ils* Auront *este aimez*.

L'INFINITIF

Present,

Estre aimé.

Preterit,

Auoir este aimé.

Ainsi des autres verbes passifs es autres coniugaisons, comme de *Voir*, le passif *ie Suis ueu*, *tu Es ueu*, *&c*. *Estre ueu*. De *Cognoistre*, *ie Cognoy*: le passif *ie Suis cogneu*, *tu Es cogneu*, *&c*. *Estre cogneu*. De *Bastir*, *ie Basti*, le passif *ie Suis basti*, *tu Es basti*, *&c*. *Estre basti*. Aucuns passifs sont exprimez en Francois par le Pronō & l'actif du verbe: cōme pour *ie Suis appelé*, *ie Suis nōmé*, nous disons, *ie m'Appelle*, *tu t'Appelles*, *il s'Appelle*.

Tous les verbes de ceste premiere coniugaison, se coniuguēt comme le verbe *Aimer*, hors mis vng qui est *Aller*, qui ne suit point la reigle des autres. Et pourtāt que la cōiugaison d'iceluy est difficile, nous l'auōs mise ici au lōg.

L'INDICATIF

Present,

S. *ie* Vay, *tu* Vas, *il* Va.

P. *nous* Allons, *uous* Allez, *ils* Vont.

Preterit imparfaict,

S. *i'* Alloye, *tu* Allois, *il* Alloit.

P. *nous* Allions, *uous* Alliez, *ils* Alloyent.

Preterit parfaict,

S. *i'* Allay, *tu* Allas, *il* Alla.

P. *nous* Allasmes, *uous* Allastes, *ils* Allerent.

Autrement,

S. *ie* Suis *allé*, *tu* Es *allé*, *il* Est *allé*.

P. *nous* Sommes *allez*, *uous* Estes *allez*, *ils* Sont *allez*.

Preterit plus que parfaict,

S. *i'Estoye allé, tu Estois allé, il Estoit allé.*

P. *nous Estions allez, uous Estiez allez, ils Estoyent allez.*

Futur,

S. *i'Iray, tu Iras, il Ira,*

P. *nous Irons, uous Irez, ils Iront.*

L'IMPERATIF

Present & futur,

S. *Va, qu'il Aille.*

P. Allons, Allez, *qu'ils Aillent.*

L'OPTATIF

Present, O *que uolontiers*

S. *i'Iroye, tu Irois, il Iroit.*

P. *nous Irions, uous Iriez, ils Iroyent.*

Autrement, *Plaise à Dieu que*

S. *i'Allasse, tu Allasses, il Allast.*

P. *nous Allissions, uous Allissiez, ils Allassent.*

Preterit parfaict, O *que uolontiers*

S. *ie Seroye allé, tu Serois allé, il Seroit allé.*

P. *nous Serions allé, uous Seriez allé, ils Seroyent allé.*

Preterit plus que parfaict, *Pleust a Dieu que,* ou O *si*

S. *ie Fusse allé, tu Fusses allé, il Fust allé.*

P. *nous Fussions allé, uous Fussiez allé, ils Fussent allé.*

Futur, *Dieu ueille que*

S. *i'Aille, tu Ailles, il Aille.*

P. *nous Allions, uous Alliez, ils Aillent.*

LE CONIONCTIF

Present, *Combien que,* ou *Comme ainsi soit que*

S. *i'Aille, tu Ailles, il Aille.*

P. *nous Allions, uous Alliez, ils Aillent.*

Autrement, *Veu que*

S. *ie Vay, tu Vas, il Va.*

P. *nous Allons, uous Allez, ils uont.*

Preterit imparfaict, *Quand*

S. *i'Iroye, tu Irois, il Iroit.*

P. *nous Irions, nous Iriez, ils Iroyent.*

Autrement, *Combien que*

S. *i'Allasse, tu Allasses, il Allast.*

P. *nous Allissions, uous Allissiez, ils Allassent.*

Encore autrement, *Veu que*

S. *i'Alloye, tu Allois, il Alloit.*

P. *nous Allions, uous Alliez, ils Alloyent.*

Preterit parfaict, *Combien que*, ou *Comme ainsi soit que*

S. *ie Soye allé, tu Sois allé, il Soit allé.*

P. *nous Soyons allez, uous Soyez allez, ils Soyent allez.*

Autrement, *Veu que*

S. *ie Suis allé, tu Es allé, il Est allé.*

P. *nous Sommes allez, uous Estes allez, ils Sont allez.*

Preterit plus que parfaict, *Quand*

S. *ie Seroye allé, tu Serois allé, il Seroit allé.*

P. *nous Serions allé, uous Seriez allé, ils Seroyent allé.*

Autrement, *Combien que*

S. *ie Fusse allé, tu Fusses allé, il Fust allé.*

P. *nous Fussions allé, uous Fussiez allé, ils Fussent allé.*

Encores autrement, *Veu que*

S. *i'Estoye allé, tu Estois allé, il Estoit allé.*

P. *nous Estions allé, uous Estiez allé, ils Estoyent allé.*

Futur, *Quand*

S. *ie Seray allé, tu Seras allé, il Sera allé.*

P. *nous Serons allé, uous Serez allé, ils Seront allé.*

L'INFINITIF

Present,

Aller.

Preterit,

Estre allé.

LES PARTICIPES.

Il ha deux participes, l'vng present actif, *Allant*: l'autre preterit, *Allé*: comme, *Ie suis allé*, *Elle est allée.*

EXEMPLE DES VERBES DE LA seconde coniugaison, terminee en OIR, comme *Veoir*.

Ceste coniugaison ha presque autant de diuersitez en son indicatif, qu'elle ha de verbes. Or combien que la cõiugaison d'vng seul verbe ne puisse satisfaire pour exemple a si grande diuersité de formaisons qui si trouueront, si seruira cest exẽple pour le moins a l'ordre des modes, & temps communs a tous. Apres lequel auons mis exẽples des verbes les plus diuers & dissemblables, selon l'ordre des lettres.

L'INDICATIF

Present,

S. *ie* Voy, *tu* Vois, *il* Voit.

P. *nous* Voyons, *uous* Voyez, *ils* Voyent.

Preterit imparfaict,

S. *ie* Voyoye, *tu* Voyois, *il* Voyoit.

P. *nous* Voyons, *uous* Voyez, *ils* Voyoyent.

ou mieulx, *nous* Voiyons, *uous* Voiyez.

Preterit parfaict,

S. *ie* Vei, *tu* Veis, *il* Veit.

P. *nous* Veismes, *uous* Veistes, *ils* Veirent.

On met *s* pour allonger la syllabe.

Autrement,

S. *i'* Ay *ueu*, *tu* As *ueu*, *il* A *ueu*.

P. *nous* Auons *ueu*, *uous* Auez *ueu*, *ils* Ont *ueu*.

Autre preterit parfaict propre au Francois, & non au Latin.

S. *i'* Eu *ueu*, *tu* Eus *ueu*, *il* Eut *ueu*.

P. *nous* Eusmes *ueu*, *uous* Eustes *ueu*, *ils* Eurent *ueu*.

Autrement,

S. *i'* Ay *eu ueu*, *tu* As *eu ueu*, *il* A *eu ueu*.

P. *nous* Auons *eu ueu*, *uous* Auez *eu ueu*, *ilz* Ont *eu ueu*.

Preterit plus que parfaict,

S. *i'* Auoye *ueu*, *tu* Auois *ueu*, *il* Auoit *ueu*.

P. *nous* Auions *ueu*, *uous* Auiez *ueu*, *ils* Auoyent *ueu*.

Futur imparfaict,

S. *ie Voiray, tu Voiras, il Voira.*

P. *nous Voirons, uous Voirez, ils Voiront.*

On escrit aussi, *ie Verray, uous Verrez, &c.*

Futur parfaict,

S. *i'Auray ueu, tu Auras ueu, il Aura ueu.*

P. *nous Aurons ueu, uous Aurez ueu, ils Auront ueu.*

L'IMPERATIF

Present & futur,

S. *Voy, qu'il Voye.*

P. *Voyons, Voyez, qu'ils Voyent.*

L'OPTATIF

Present, *O que uolontiers*

S. *ie Voiroye, tu Voirois, il Voiroit.*

P. *nous Voirions, uous Voiriez, ils Voiroyent.*

Ou selon aucuns, *ie Verroye, tu Verrois, &c.*

Autrement, *Pleust a Dieu que*

S. *ie Veisse, tu Veisses, il Veist.*

P. *nous Veissions, uous Veissiez, ils Veissent.*

Preterit parfaict, *O que uolontiers*

S. *i'Auroye ueu, tu Aurois ueu, il Auroit ueu.*

P. *nous Aurions ueu, uous Auriez ueu, ils Auroyent ueu.*

Preterit plus que parfaict, *Pleust a Dieu que*, ou *O si*, ou *O que uolontiers*

S. *i'Eusse ueu, tu Eusses ueu, il Eust ueu.*

P. *nous Eussions ueu, uous Eussiez ueu, ils Eussent ueu.*

Autrement, *O si*, ou *O que uolontiers*

S. *i'Eusse eu ueu, tu Eusses eu ueu, il Eust eu ueu.*

P. *nous Eussions eu ueu, uous Eussiez eu ueu, ils Eussent eu ueu.*

Futur, *Dieu ueuille que*

S. *ie Voye, tu Voyes, il Voye.*

P. *nous Voyons, uous Voyez, ils Voyent*

Ou, *nous Voiyons, uous Voiyez,*

LE CONIONCTIF

Present, *Combien que*

S. *ie Voye, tu Voyes, il Voye.*

P. *nous* Voyons, *uous* Voyez, *ils uoyent.*

Ou, *nous* Voiyons, *uous* Voiyez, &c.

Autrement, *Veu que*

S. *ie* Voy, *tu* Vois, *il* Voit.

P. *nous* Voyons, *uous* Voyez, *ils* Voyent.

Preterit imparfaict, *Quand*

S. *ie* Voiroye, *tu* Voirois, *il* Voiroit.

P. *nous* Voirions, *uous* Voiriez, *ils* Voiroyent.

Autrement, *Combien que*

S. *ie* Veisse, *tu* Veisses, *il* Veist.

P. *nous* Veissions, *uous* Veissiez, *ils* Veissent.

Preterit parfaict, *Cōbiē*, ou *Cōme ainsi soit que*

S. *i'*Aye *ueu, tu* Ayes *ueu, il* Ait *ueu.*

P. *nous* Ayons *ueu*, *uous* Ayez *ueu, ils* Ayent *ueu.*

Autrement, *Veu que*

S. *i'*Ay *ueu, tu* As *ueu, il* A *ueu.*

P. *nous* Auons *ueu, uous* Auez *ueu, ils* Ont *ueu.*

Encore autrement, *Combien que*

S. *i'* Aye *eu ueu, tu* Ayes *eu ueu, il* Ait *eu ueu.*

P. *nous* Ayons *eu ueu, uous* Ayez *eu ueu, ils* Ayent *eu ueu.*

Item autrement, *Veu que*

S. *i'*Ay *eu ueu, tu* As *eu ueu, il* A *eu ueu.*

P. *nous* Auons *eu ueu, uous* Auez *eu ueu, ils* Ont *eu ueu.*

Preterit plus que parfaict, *Quand*

S. *i'*Auroye *ueu, tu* Aurois *ueu, il* Auroit *ueu.*

P. *nous* Aurions *ueu, nous* Auriez *ueu, ils* Auroyent *ueu.*

Autrement, *Combien que*

S. *i'*Eusse *ueu, tu* Eusses *ueu, il* Eust *ueu.*

P. *nous* Eussions *ueu, uous* Eussiez *ueu, ils* Eussent *ueu.*

Encores autrement, *Combien que*

S. *i'*Eusse *eu ueu, tu* Eusses *eu ueu, il* Eust *eu ueu.*

P. *nous* Eussions *eu ueu, uous* Eussiez *eu ueu, ils* Eussent *eu ueu.*

Item autrement, *Veu que*

S. *i'* Auoye *ueu, tu* Auois *ueu, il* Auoit *ueu.*

P. *nous* Auions *ueu, uous* Auiez *ueu, ils* Auoyent *ueu.*

Futur, *Quand*

S. *i'Auray ueu, tu Auras ueu, il Aura ueu.*

P. *nous Aurons ueu, uous Aurez ueu, ils Auront ueu.*

Autrement, *Quand*

S. *i'Auray eu ueu, tu Auras eu ueu, il Aura eu ueu.*

P. *nous Aurons eu ueu, uous Aurez eu ueu, ils Auront eu ueu.*

L'INFINITIF

Present,

Veoir.

Preterit,

Auoir ueu, ou, *Auoir eu ueu.*

PARTICIPES.

Il ha deux participes, l'vng present actif, *Voyāt.* l'Autre preterit passif, *Veu.*

De ce participe preterit est formé le verbe passif ioinct aux temps & modes du verbe substantif, en luy donnant le nombre & le sexe tel que requiert le Nom precedant: comme, *Iehan est ueu, Iehanne est ueue. Les hommes sont ueus, Les femmes sont ueues.* Voyez l'exemple du passif *Aimer*, qui est apres l'actif.

Exemple des verbes dissemblables es presens indicatifz de ceste coniugaison.

Apparoir.

S. *i'Apper, tu Appers, il Appert.*

P. *nous Apperons, uous Apperez, ils Apperent.*

Preter. imp. *i'Apperoye, tu Apperois, &c.*

Pret. parfe. *i'Ay peru, tu As peru.*

Nous disons aussi,

S. *i'Apparoy, tu Apparois, il Apparoit.*

P. *nous Apparoissons, uous, &c.*

Pret. imp. *i'Apparoissoye, tu Apparoissois, &c.*

Preter. parf. *i'Apparu, tu Apparus, &c. Nous Apparusmes, &c.*

Ou, *i'Ay apparu, tu As apparu, &c.*

Apperceuoir,

S. *i'Appercoy, tu Appercois, &c.*

Preterit parfaict. *i'Apperceu, tu Apperceüs, &c.*

Ardoir, ou Ardre.

S. *i'Ar, tu Ars, il Ard.*

P. *nous Ardons, uous Ardez, ils Ardent.*

Pret.parf. S. *i'Ardi, tu Ardis, il Ardit.*

P. *nous Ardismes, uous Ardistes, ils Ardirent.*

Nous disons aussi.

Ie Fu ars, tu Fus ars, il Fut ard. Et, i'Ay ars, tu As ars, il A ard.

Participe, *Ards, Estre Ards.*

Asseoir, comme Seoir.

Auoir, Voyez deuant la premiere coniugaison.

Chaloir, ou Challoir.

Ce verbe ne se cõiugue sinon par les tierces personne du singulier, *il Chault, il Challoit, il a Chalu, ou il Chault, Chaura, qu'il Chaile, il Chauroit, il Chalusse, Chaloir.*

Cheoir.

Pres. S. *ie Ché, tu Ches, il Chet.*

P. *nous Cheons, uous Chees, ils Cheent.*

Pret. imparf. *ie Cheoye, &c.*

Preter. parf. *ie Cheu, tu Cheüs, il Cheut.*

P. *nous Cheusmes, &c.*

Comparoir.

Present, *ie Compare, tu Compares, il Compare.* Par *a* par tout.

Debuoir, *ou* Deuoir.

Present, S. *ie Doy, tu Doibs, il Doibt.*

P. *nous Debuons, uous Debuez, ils Doibuent.*

Preter. imparf. *ie Debuoye, &c.*

Pret.parfaict. *ie Deu, tu Deubs, &c.* Ou *i'Ay deu, tu As deu, &c.*

Doloir, *ou* Douloir.

Ce Verbe se decline seulement par les tierces personnes au Singulier & au Plurier.

Pres. *il Deult, ils Deulent.*

Pret.imp. *il Deulloit, ils Deulloyent.*

ou *Douloit, Douloyent.*

Pret. parf. *il A doulu, ils Ont doulu.*

ou, *Il doulut, ils doulurent.*
Fut. *il Dueillera, ils Dueilleront.*
Imper. *Dueille, qu'ils Dueillent, &c.*
Participes, *Dolent, Dolente.*

Falloir.

Ce verbe ne se côiugue que par les tierces personnes du singulier nombre.

Indicatif present, *il Fault.*
Pret.imp. *il Falloit.*
Pret.parf. *il Fallut, ou il A fallu.*
Pret.plus que parf. *il Auoit fallu.*
Futur, *il Faudra.*
Il n'y a point d'Imperatif.
Optatif pres. *Dieu ueille que il Falle.*
ou *Pleust a Dieu que il Fallust.*
Pret.parf. *O que il Eust fallu.*
Futur, *Dieu ueille que il Falle.*
ou *Pleust a Dieu que il Fallust.*
Côiô.Pres. *Côme ainsi soit que il Falle.*
Pret.impar. *Quand il Fauldroit.*
ou *Combien que il Fallust.*
Pret.parf. *Combien que*
ou *Comme ainsi soit que il Ait fallu.*
Pret.plus que parf. *Quand il Auroit fallu.*
ou *Combien que il Eust fallu.*
Futur, *Quand il Aura fallu.*
Infinitif Present, *Falloir.*
Pret. *auoir Fallu.*

Mouuoir.

Indicatif Present, s. *ie Meu, tu Meus, il Meut.*
p. *nous Mouuons, uous Mouuez, ils Meuuent.* ou *Mouuent.*
Pret.imparf. *ie Mouuoye, tu, &c.*
Pret.parf. *i'Ay meu, tu As meu, &c.*
ou *ie Meu, tu Meus.*
Pret.plus que parf. *il Auoit meu.*

Futur, *ie Moueuray,* ou *Mouuray, &c.*
Imperatif present & futur, *Meus, Meuue.*
Plur. *Mouuons, &c.*
Optatif present, O *que uolontiers ie Moueuroye,* ou *Mouuroye, tu Moueurois, &c.* ou *Pleust a Dieu que ie Meusse.*
Pret.parf. O *que uolontiers i'Auroye meu.*
Pret.plus que parf. O *si,* ou O *que uolontiers i'Eusse meu.*
Futur, *Dieu ueeille que ie Meuue.*
Conion.Pres. *Combien que ie Meuue.*
ou *Veu que ie Meu.*
Pret.imp. *Quand ie Mouueroye.*
ou *Combien que ie Meusse.*
Pret.parf. *Combien que i'Aye meu.*
ou *Veu que i'Ay meu.*
Pret.plus que parf. *Quand i'Auroye meu.*
ou *Combien que i'Eusse meu.*
Futur, *Quand i'Auray meu.*
Infinitif present *Mouuoir.*
Preterit, *Auoir meu.*
Participes, l'vng present, *Mouuant & Mouuante.*
L'autre preterit, *Meu, Meue.*

Pouoir comme Mouuoir.

Seoir.

Indicatif present, S. *ie Sié, tu Sies, il Sied.*
P. *nous Seons, uous Sees, ils Seent.*
Preterit imp. *ie Seoye, tu Seois, &c.*
Preterit parf. *ie Si, tu Sis, il Sid.* ou, *i'Ay si, tu As sis, il A sid.*
Futur, *ie Serray, tu Serras, &c.*
Imperatif, *Sies, ou Sees, qu'il See.*
Optatif present, *ie Serroye, tu, &c.*
Pret.parf. *Pleust a Dieu que ie Sisse, tu Sisses &c,* ou, *que i'Eusse si, tu Eusses sis, &c.*
Futur, *ie See, tu Sees, &c.*
Infinitif, *Seoir,* ou *Soir, ou Sir.* Nous en vsons maintenant cõme neutre, maintenant comme passif.

Participes, l'vng present, *Seant, Seante.*
L'autre preterit. *Sis, Sise,*

Souloir.

Ce verbe n'ha presques autres temps en nostre langage que ces deux.

Indicatif pret.imp. *ie Soloye, tu Solois, &c.*
Infinitif, *Soloir.*

Valoir.

Indicatif present, *s. ie Vau, tu Vauls, il Vault.*
p. nous Valons, uous Valez, ils Valent.
Pret.imp. *ie Valoye, tu Valois, &c.*
Pret.parf. *ie Valu, tu Valus, il Valut.* ou, *i'ay Valu, tu as Valu, &c.*
Pret.plus que parf. *i'Auoye ualu, tu Auois, &c.*
Futur, *ie Vauldray, tu Vauldras, &c.*
Imperatif, *Vauls, qu'il Vaille.*
Optatif present, *ie Vauldroye, &c.*
Pret.parf. *i'Auroye ualu, tu Aurois ualu, &c.*
Pret. plus que p. *i'Eusse ualu, &c.*
Futur, *ie Vaille, tu Vailles, &c.*
Conionctif present, *ie Vaille, &c.*
Pret. imp. *ie Vauldroye, &c.*
Pret. parf. *i'Aye ualu, tu Ayes ualu, &c.* ou, *i'Ay ualu, tu As ua'u, &c.*
Pret. plus que p. *i'Auoye ualu, tu, &c.*
Futur, *i'Auray ualu, tu Auras ualu, &c.*
Infinitif, *Valoir.*
Participe, *Valant.*

Vouloir.

Indicatif present, *s. ie Vueil, tu Veulx, il Veult.*
p. nous Voulons, uous Voulez, ils Veulent.
Pret. imp. *ie Vouloye, tu Voulois, &c.*
Pret. parf. *ie Voulu, tu Voulus, &c.* ou, *i'Ay uoulu, tu As uoulu, &c.*
Pret. plus que p. *i'Auoye uoulu, tu Auois, &c.*

Futur, ie Vouldray, tu Vouldras.

Optatif present, ie Vouldroye, tu Vouldrois, &c. ou ie Voulsisse, tu Voulsisse, &c.

Pret. parf. i'Auroye uoulu, tu, &c. ou i'Eusse uoulu, tu Eusses uoulu, &c.

Pret. plus que p, i'Eusse uoulu, tu, &c.

Futur, ie Vueille, tu uueilles, &c.

Conionctif present, ie Vueille, tu Vueilles, &c.

Pret. imp. ie Vouldroye, tu Vouldrois, &c. ou, ie Voulsisse, tu Voulsisses, &c.

Pret. parf. i'Ay uoulu, tu As uoulu, &c. ou i'Aye uoulu, tu Ayes uoulu, &c.

Pret. plus que p. i'Auroye uoulu, tu Aurois, &c. ou i'Eusse uoulu, tu Eusses, &c.

Futur, i'Auray uoulu, tu Auras uoulu, &c.

Infinitif present, Vouloir.

Preterit, Auoir uoulu.

Participe, Voulant.

EXEMPLE DES VERBES DE LA tierce cõiugaison, terminee en RE bref cõme: Dire, Co-gnoistre.

L'INDICATIF

Present,

S. Ie cognoy, Tu cognois, Il cognoit.

P. Nous cognoissons, Vous cognoissez, Ils cognoissent.

Preterit imparfaict,

S. ie Cognoissoye, tu Cognoissois, il Cognoissoit.

P. nous Cognoissions, uous Cognoissiez, ils Cognoissoyent.

Preterit parfaict,

S. ie Cogneu, tu Cogneus, il Cogneut,

P. nous Cogneusmes, uous Cogneustes, ils Cogneurent.

Autrement,

S. i'Ay cogneu, tu As cogneu, il A cogneu.

P. nous Auons cogneu, uous Auez cogneu, ils Ont cogneu.

Preterit parf. propre au Francois, & non au Latin,

S. *i'Eu cogneu, tu Eus cogneu, il Eut cogneu.*

P. *nous Eusmes cogneu, uous Eustes cogneu, ils Eurent cogneu.*

Autrement,

S. *i'Ay eu cogneu, tu As eu cogneu, il A eu cogneu.*

P. *nous Auons eu cogneu, uous Auez eu cogneu, ils Ont eu cogneu.*

Preterit plus que parfaict,

S. *i'Auoye cogneu, tu Auois cogneu, il Auoit cogneu.*

P. *nous Auions cogneu, uous Auiez cogneu, ils Auoyent cogneu.*

Futur,

S. *ie Cognoistray, tu Cognoistras, il Cognoistra,*

P. *nous Cognoistrons, uous Cognoistrez, ils Cognoistront.*

Futur parfaict,

S. *i'Auray cogneu, tu Auras cogneu, &c.*

L'IMPERATIF

Present, & futur,

S. *Cognoy, qu'il Cognoisse.*

P. *Cognoissons, Cognoissez, qu'il Cognoissent.*

L'OPTATIF

Present, O *que uolontiers.*

S. *ie Cognoistroye, tu Cognoistrois, il Cognoistroit.*

P. *nous Cognoistrions, uous Cognoistriez, ils Cognoistroyent.*

Autrement, *Pleust a dieu que,* ou O *que*

S. *ie Cogneusse, tu Cogneusses, il Cogneust.*

P. *nous Cogneussions, uous Cogneussiez, ils Cogneussent.*

Preterit parfaict, O *que uolontiers*

S. *i'Auroye cogneu, tu Aurois cogneu, il Auroit cogneu.*

P. *nous Aurions cogneu, uous Auriez cogneu, ils Auroyent cogneu.*

Preterit plus que parfaict, *Pleust a Dieu que,* ou O *si*

S. *i'Eusse cogneu, tu Eusses cogneu, il Eust cogneu.*

P. *nous Eussions cogneu, uous Eussiez cogneu, ils Eussent cogneu.*

Autrement, O *si,* ou O *que uolontiers*

S. *i'Eusse eu cogneu, tu Eusses eu cogneu, &c*

Futur, *Dieu ueille que*

S. *ie Cognoisse, tu Cognoisses, il Cognoisse.*

P. *nous Cognoissions, uous Cognoissiez, ils Cognoissent.*

LE CONIONCTIF

Present, *Combien que*

S. *ie Cognoisse, tu Cognoisses, il Cognoisse.*

P. *nous Cognoissions, uous Cognoissiez, ils Cognoissent.*

Autrement, *Veu que*

S. *ie Cognoy, tu Cognois, il Cognoit.*

P. *nous Cognoissons, uous Cognoissez, ils Cognoissent.*

Preterit imparfaict, *Quand*

S. *ie Cognoistroye, tu Cognoistrois, il Cognoistroit.*

P. *nous Cognoistrions, uous Cognoistriez, ils Cognoistroyent.*

Autrement, *Combien que*

S. *ie Cogneusse, tu Cogneusses, il Cogneust.*

P. *nous Cogneussions, uous Cogneussiez, ils Cogneussent.*

Encores autrement, *Veu que*

S. *ie Cognoissoye, tu Cognoissois, il Cognoissoit.*

P. *nous Cognoissions, uous Cognoissiez, ils Cognoissoyent.*

Preterit parfaict, *Combien que,* ou *Comme ainsi soit que*

S. *i'Aye cogneu, tu Ayes cogneu, il Ait cogneu.*

P. *nous Ayons cogneu, uous Ayez cogneu, ils Ayent cogneu.*

Autrement, *Veu que*

S. *i'Ay cogneu, tu As cogneu, il A cogneu.*

P. *nous Auons cogneu, uous Auez cogneu, ils Ont cogneu.*

Encores autrement, *Combien que*

S. *i'Aye eu cogneu, tu Ayes eu cogneu, il Ait eu cogneu.*

P. *nous Ayons eu cogneu, uous Ayez eu cogneu, ils Ayent eu cogneu*

Item autrement, *Veu que*

S. *i'Ay eu cogneu, tu As eu cogneu, il A eu cogneu.*

P. *nous Auons eu cogneu, uous Auez eu cogneu, ils Ont eu cogneu.*

Preterit plus que parfaict, *Quand*

S. *i'Auroye cogneu, tu Aurois cogneu, il Auroit cogneu.*

P. *nous Aurions cogneu, uous Auriez cogneu, ils Auroyent cogneu.*

Autrement, *Combien que*

S. *i'Eusse cogneu, tu Eusses cogneu, il Eust cogneu.*

P. *nous Eussiõs cogneu, uous Eussiez cogneu, ils Eussent cogneu.*

Encores autrement, *Combien que*

S. *i'Eusse eu cogneu, tu Eusses eu cogneu, il Eust eu cogneu.*

P. *nous Eussions eu cogneu, uous Eussiez eu cogneu, ils Eussent eu (cogneu.*

Item autrement, *Veu que*

S. *i'Auoye cogneu, tu Auois cogneu, il Auoit cogneu.*

P. *nous Auions cogneu, uous Auiez cogneu, ils Auoyent cogneu.*

Futur, *Quand*

S. *i'Auray cogneu, tu Auras cogneu, il Aura cogneu.*

P. *nous Aurons cogneu, uous Aurez cogneu, ils Auront cogneu.*

Autrement, *Quand*

S. *i'Auray eu cogneu, tu Auras eu cogneu, &c.*

L'INFINITIF

Present,

Cognoistre.

Preterit,

Auoir cogneu: ou, *Auoir esté cogneu.*

PARTICIPES.

Il ha deux participes. l'vng present, *Cognoissant.* L'autre, preterit passif, *Cogneu.*

De ce partipe preterit est forme le verbe passif, ioinct aux temps & modes du verbe substantif, en luy donnant le nombre & le sexe tel que requiert le Nom precedant: comme, *Pierre est cogueu, Iehãne est cogneue. Les hommes sont cogneus, Les femmes sont cogneues.*

Ceste tierce coniugaison ha aussi diuerses formes en son indicatif present, selon la voyelle, diphthõgue, ou consonante qui precede la terminaison RE, desquels auons ici mis exemples.

Des verbes qui ont vne voyelle seule ou diphthongue deuant RE, la premiere personne singuliere reiette *re*, & en la seconde le tourne en *s*, & en la tierce en *t*, & font leur pluriel en *sons, sez, sent:* comme,

Dire. S. *ie Di, tu Dis, il Dit.*
P. *nous Disons, uous Dictes, ils Dient.*

Faire. S. *ie Fay, tu Fais, il Fait.*
P. *nous Faisons, uous Faites, ils Font,*

Raire. *ie Ray, tu Rais, il Rait.*
nous Rasons, uous Rasez, ils Rasent.

Taire. *ie Tay, tu Tais, il Tait.*
nous Taisons, uous Taisez, ils Taisent.

Exceptez ceulx qui sensuyuent,

Boire. *ie Boy, tu Bois, il Boit.*
nous Buuons, uous Buuez, ils Buuent.

On dit aussi, *Boyuent.*

Braire. *ie Bray, tu Brais, il Brait.*
nous Brayons, uous Brayez, ils Brayent.

Bruire. *ie Bruy, tu Bruis, il Bruit.*
nous Bruyons, uous Bruyez, ils Bruyent.

Escrire. *i'Escri, tu Escris, il Escrit.*
nous Escriuons, uous Escriuez, ils Escriuent.

Frire. *ie Fri, tu Fris, il Frit.*
nous Frions, uous Friez, ils Frient.

Retraire. *ie Retray, tu Retrais, il Retrait.*
nous Retrayons, uous Retrayez, ils Retrayent.

Rire. *ie Ri, tu Ris, il Rit.* Le *i* est long.
nous Rions, uous Riez, ils Rient.

Traire. *ie Tray, tu Trais, il Trait.*
nous Trayons, uous Trayez, ils Trayent.

Ainsi *Pourtraire, Distraire.*

Ceulx qui ont vne consonante deuant RE, ont diuers present selon la precedante consonante.

c deuant *re.*

Vaincre. *ie Vainc, tu Vaincs, il Vainq.*
nous Vaincons, uous Vainquez, ils Vainquent.

d deuant *re.*

Ardre. *i'Ar, tu Ars, il Ard.*
nous Ardons, uous Ardez, ils Ardent.

Fendre. *ie Fen, tu Fens, ils Fend.*
nous Fendons, uous Fendez, ils Fendent.

Fondre. *ie Fon, tu Fons, il Fond.*
nous Fondons, uous Fondez, ils Fondent.

Pondre. *ie Pon, tu Pons, il Pond.*
nous Pondons, uous Pondez, ils Pondent.
ou *Ponnons, Ponnez, Ponnent.*
ain, ein, & *ou* deuant *dre.*

Craindre. *ie Crain, tu Crains, il Craind.*
nous Craingnons, uous Craingnez, ils Craingnent.

Feindre. *Fein, Feins Feind, Feingnons, &c.*

Ioindre. *Ioing, Ioings, Ioingt. Ioingnons, &c.*

Peindre. *Pein, Peins, Peind. Peingnons, &c.*

Coudre. *ie Cou, tu Cous, il Coud.*
nous Cousons, uous Cousez, ils Cousent.

Mouldre, ou *Mouldre, Meudre,* ou *Meuldre.*
S. *ie Mou,* ou *Meu, tu Mous,* ou *Meus, il Mould,* ou *Meud.*
P. *nous Moulons, uous Moulez, ils Moulent.*
ou, *Meulons, Meulez, Meulent.*

Souldre, *Absouldre,* ou *Soudre, Absoudre, Dissouldre, Resouldre, Dissoudre, Resoudre.*
S. *ie Sou, tu Sous, il Sould.*
P. *nous Soudons, uous Soudez, ils Souldent.*
ou *Soluons, Soluez, Soluent. Dissoluent, Resoluent.*

p deuant *re.*

Rompre. *ie Romp, tu Romps, il Rompt.*
nous Rompons, uous rompez, ils Rompent.

r deuant *re.*

Clorre. *ie Clo, tu Clos, il Clot.*
nous Cloons, uous Cloez, ils Cloent.

Aucuns escriuēt *Clouons,* mais c'est plustost a *Clouer.*
On vse de *Fermons* plus communeement.
Quant à ses composez nous disons, *Forcloons, Escloōs, Concluons, Excluons.*

Courre, & plus souuent *Courir.*
S. *ie Cour tu Cours, il Court.*
P. *nous Courons, uous Courez, ils Courent.*

t deuant *re.*

Batre. *ie Ba, tu Bas, il Bat.*

nous Batons, uous Batez, ils Batent.

Mettre. *ie Mes, tu Mes, il met.*

nous Mettons, uous Mettez, ils Mettent.

Paistre. *ie Pay, tu Pais, il Paist.*

nous Paissons, uous Paissez, ils Paissent.

Tistre *ie Ti, tu Tis, il Tist.*

nous Tissons, uous Tissez, ils Tissent.

u deuant *r.*

Suyure, ou Suyuir *ie Suy, tu Suis, il Suit.*

nous Suyuons, uous Suyuez, ils Suyuent.

Viure. *ie Vi, tu Vis, il Vit.*

nous Viuons, uous Viuez, ils Viuent.

EXEMPLE DES VERBES DE LA quarte coniugaison terminee en IR: comme *Bastir, Fuir, Gaudir.*

L'INDICATIF

Present,

S. *ie Basti, tu Bastis, il Bastit.*

P. *nous Bastissons, uous Bastissez, ils Bastissent.*

Preterit imparfaict,

S. *ie Bastissoye, tu Bastissois, il Bastissoit.*

P. *nous Bastissions, uous Bastissiez, ils Bastissoyent.*

Preterit parfaict,

S. *ie Basti, tu Bastis, il Bastit.*

P. *nous Bastimes, uous Bastistes, ils Bastirent.*

Autrement,

S. *i'Ay basti, tu As basti, il A basti.*

P. *nous Auons basti, uous Auez basti, ils Ont basti.*

Preterit parfaict, propre au Francois, & non au Latin,

S. *i'Eu basti, tu Eus basti, il Eut basti.*

P. *nous Eusmes basti, uous Eustes basti, ils Eurent basti.*

Autrement,

S. *i'Ay eu basti, tu As eu basti, il A eu basti.*

P. *nous* Auons *eu basti, uous* Auez *eu basti, ils* Ont *eu basti.*

Preterit plus que parfaict,

S. *i'*Auoye *basti, tu* Auois *basti, il* Auoit *basti.*

P. *nous* Auions *basti, uous* Auiez *basti, ils* Auoyent *basti.*

Futur,

S. *ie* Bastiray, *tu* Bastiras, *il* Bastira.

P. *nous* Bastirons, *uous* Bastirez, *ils* Bastiront.

L'IMPERATIF

Present & Futur,

S. *Basti, qu'il Bastisse.*

P. *Bastissons, Bastissez, qu'ils Bastissent.*

L'OPTATIF

Present, O *que uolontiers*

S. *ie* Bastiroye, *tu* Bastirois, *il* Bastiroit.

P. *nous* Bastirions, *uous* Bastiriez, *ils* Bastiroyent.

Autrement, *Pleust a Dieu que,* ou O *que*

S. *ie* Bastisse, *tu* Bastisses, *il* Bastist

P. *nous* Bastissions, *uous* Bastissiez, *ils* Bastissent.

Preterit parfaict, O *que uolontiers*

S. *i'*Auroye *Basti, tu* Aurois *basti, il* Auroit *basti.*

P. *nous* Aurions *basti, uous* Auriez *basti, ils* Auroyent *basti.*

Preterit plus que parfaict, *Pleust a Dieu que,* O *si*

S. *i'*Eusse *basti, tu* Eusses *basti, il* Eust *basti.*

P. *nous* Eussions *basti, uous* Eussiez *basti, ils* Eussent *basti.*

Autrement, O *si,* O *que uolontiers*

S. *i'*Eusse *eu basti, tu* Eusses *eu basti, il* Eust *eu basti.*

P. *nous* Eussions *eu basti, uous* Eussiez *eu basti, ils* Eussent *eu basti.*

Futur, *Dieu ueille que*

S. *ie* Bastisse, *tu* Bastisses, *il* Bastisse.

P. *nous* Bastissions, *uous* Bastissiez, *ils* Bastissent.

LE CONIONCTIF

Present, *Combien que*

S. *ie* Bastisse, *tu* Bastisses, *il* Bastisse.

P. *nous* Bastissions, *uos* Bastissiez, *ils* Bastissent.

Autrement, *Veu que*

S. *ie* Basti, *tu* Bastis, *il* Bastit.

P. *nous Bastissons, uous Bastissez, ils Bastissent.*

Preterit imparfaict, *Quand*

S. *ie Bastiroye, tu Bastirois, il Bastiroit.*

P. *nous Bastirions, uous Bastiriez, ils Bastiroyent.*

Autrement, *Combien que*

S. *ie Bastisse, tu Bastisses, il Bastist:*

P. *nous Bastissions, uous Bastissiez, ils Bastissent.*

Encore autrement, *Veu que*

S. *ie Bastissoye, tu Bastissois, il Bastissoit.*

P. *nous Bastissions, uous Bastissiez, ils Bastissoyent.*

Preterit parfaict, *Combien que,* ou *Comme ainsi soit que*

S. *i'Aye basti, tu Ayes basti, il Ait basti.*

P. *nous Ayons basti, uous Ayez basti, ils Ayent basti.*

Autrement, *Veu que*

S. *i'Ay basti, tu As basti, il A basti.*

P. *nous Auons basti, uous Auez basti, ils Ont basti.*

Encores autrement, *Combien que*

S. *i'Aye eu basti, tu Ayes eu basti, il Ait eu basti.*

P. *nous Ayons eu basti, uous Ayez eu basti, ils Ayent eu basti.*

Item autrement, *Veu que*

S. *i'Ay eu basti, tu As eu basti, il A eu basti.*

P. *nous Auons eu basti, uous Auez eu basti, ils Ont eu basti.*

Preterit plus que parfaict, *Quand*

S. *i'Auroye basti, tu Aurois basti, il Auroit basti.*

P. *nous Aurions basti, uous Auriez basti, ils Auroyent basti.*

Autrement, *Combien que*

S. *i'Eusse basti, tu Eusses basti, il Eust basti.*

P. *nous Eussions basti, uous Eussiez basti, ils Eussent basti.*

Encores autrement, *Combien que*

S. *i'Eusse eu basti, tu Eusses eu basti, il Eust eu basti.*

P. *nous Eussions eu basti, uous Eussiez eu basti, ils Eussent eu basti.*

Item autrement, *Veu que*

S. *i'Auoye basti, tu Auois basti, il Auoit basti.*

P. *nous Auions basti, uous Auiez basti, ils Auoyent basti.*

Futur, *Quand*

S. *i'Auray basti, tu Auras basti, il Aura basti.*

P. *nous Aurons basti, uous Aurez basti, ils Auront basti.*

Autrement, *Quand*

S. *i'Auray eu basti, tu Auras eu basti, &c.*

L'INFINITIF

Present,

Bastir.

Preterit,

Auoir basti, ou *Auoir eu basti.*

LES PARTICIPES.

Il ha deux participes: l'vng present, *Bastissant*: L'autre preterit passif, *Basti.*

De ce participe preterit est forme le verbe passif ioinct aux temps & modes du verbe substantif, en luy donnant le nombre & le sexe tel que requiert le Nom precedãt, cõme, *Le logis est basti, La maison est bastie. Les logis sont bastis, Les maisons sont basties.*

En ceste quatrieme coniugaison aussi y a des verbes qui sont differens de ceste exemple, quant au present indicatif: comme ceulx qui ci s'ensuyuent.

Bouillir. *ie Boul, tu Bouls, il Boult.*
nous Boullons, uous Boullez, ils Boullent.

Courir. *ie Cour, tu Cours, il Court.*
nous Courons, uous Courez, ils Courent.

Couurir. *ie Couure, tu Couures, il Couure.*
nous Couurons, uous Couurez, ils Couurent.
Ainsi est il des cõposez, *Descouurir, Recouurir.*

Faillir. S. *ie Fau, tu Faus, il Fault.*
P. *nous Faillons, uous Faillez, ils Faillent.*

Ferir. S. *ie Fier, tu Fiers, il Fiert,*
P. *nous Fierons, uous Fierez, ils Fierent.*

Fuir. S. *ie Fui, tu Fuis, il Fuit.*
P. *nous Fuyons, uous Fuyez, ils Fuyent.*

Gesir. S. *ie Gi, tu Gis, il Git.*
P. *nous Gisons, uous Gisez, ils Gisent.*

Hair. S. *ie Hay, tu Hais, il Hait.*
P. *nous Hayons, uous Hayez, ils Hayent.*

Mourir. S. *ie Meur, tu Meurs, il Meurt.*
P. *nous Mourons, uous Mourez, ils Meurent.*

Ouir. S. *i'Oy, tu Ois, il Oit.*
P. *nous Oyons, uous Oyez, ils Oyent.*

Partir, quand il signifie s'en aller, & desloger.
S. *ie Par, tu Pars, il Part.*
P. *nous Partons, uous Partez, ils Partent.*

Partir, pour diuiser en parties.
S. *ie Parti, tu Partis, il Partit.*
P. *nous Partissons, uous Partissez, ils Partissent.*

Puir. S. *ie Pu, tu Pus, il Put.*
P. *nous Puons, uous Puez, ils Puent.*

Querir, ou Querre, S. *ie Quier, tu Quiers, il Quiert.*
P. *nous Querons, uous Querez, ils Quierent.*

Saillir. S. *ie Sau, tu Sauls, il Sault.*
P. *nous Saillons, uous Saillez, ils Saillent.*

Souffrir. S. *ie Souffre, ou Seuffre, tu Souffres, il Souffre.*
P. *nous Souffrons, uous Souffrez, ils Souffrent.*

Sortir. S. *ie Sors, tu Sors, il Sort.*
P. *nous Sortons, uous Sortez, ils Sortent.*

Tenir. S. *ie Tien, tu Tiens, il Tient.*
P. *nous Tenons, uous Tenez, ils Tiennent.*

Venir. S. *ie Vien, tu Viens, il Vient.*
P. *nous Venons, uous Venez, ils Viennent.*

Vestir. S. *ie Vest, tu Vests, il Vest.*
P. *nous Vestons, uous Vestez, ils Vestent.*

EXEMPLE POVR CONIVGVER LES Verbes impersonels, tant ceulx qui en Latin finent en TVR, comme Amatur: que en T, comme Oportet.

Indicatif present,	*on Aime.*
Pret.imparf.	*on Aimoit.*
Pret. parf.	*on a Aimé.*
Pret.plus que parf.	*on Auoit aimé.*
Futur,	*on Aimera.*
Imperatif pres.& fut.	*qu'on Aime.*
Optatif pres. O *que uolontiers*	*on Aimeroit.*
ou *Pleust a Dieu*	*qu'on Aimast.*
Pret.parf. O *que uolontiers*	*on Auroit aimé.*
Pret.plus que parf. O *si*	*on Eust aimé.*
ou *Pleust a Dieu que*	*on Eust eu aimé.*
Futur, *Dieu ueille que*	*on Aime.*
Conionctif pres. *Combien que*	*on Aime.*
Pret.imparf. *Quand*	*on Aimeroit.*
ou *Combien que*	*on Aimast.*
Pret.parf. *Combien que*	*on Ait aimé.*
ou *Veu que*	*on a Aimé.*
ou *Combien que*	*on Ait eu aimé.*
ou *Veu que*	*on A eu aimé.*
Pret.plus que parf. *Quand*	*on Auroit aimé.*
ou *Combien que*	*on Eust aimé.*
ou *Combien que*	*on Eust eu aimé.*
ou *Veu que*	*on Auoit aimé.*
Futur, *Quand*	*on Aura aimé.*
ou, *Quand*	*on Aura eu aimé.*
Infinitif present,	*Aimer.*
Pret.	*Auoir aimé.*

La coniugaison des verbes impersonels Latins, terminez en T, comme Oportet, est mise apres l'exemple de la seconde coniugaison, ou *Falloir* est coniugué, qui respond au Latin Oportet.

DES PARTICIPES.

PArticipes sont mots deriuez des verbes participans de l'action& passion de leurs verbes, ayans pareil gouuernement, entant qu'ils se ioingnent auec les Noms, Pronoms, Prepositions,& Aduerbes, ainsi que le verbe. Oultre ce ils ont genres& nombres cōme les Noms, sans aucune difference de personnes ne de modes. Il sēble auoir esté inuenté pour plus grande brieueté de langage : & se met pour le verbe: comme au lieu de dire, *Pierre aimoit ceste fille, & luy dōnoit force dōs:* pour abreger nous vsons du Participe, disans, *Pierre aimāt ceste fille, luy donnoit force dons.*

Il y a deux sortes de Participes les vns presens actifs, les autres preterits passifs.

Tous Participes presens sont terminez en *ant*, pour le masculin,& en *ante*, pour le femenin: cōme, *aimant, aimante.*

Ils se declinent ainsi que les Noms: comme,

Nominatif,	*Aimant, l'Aimant, ung Aimant.*
Genitif,	*d'Aimant, de l'Aimant, d'ung Aimant.*
Datif,	*a Aimant, a l'Aimant, a ung Aimant.*
Accusatif	semblable au nominatif.
Ablatif	semblable au genitif.

Le pluriel se fait du singulier, en tournant le *t* en *s*: comme, *aimant, aimans.*

Le femenin se fait en adioustant *e* au masculin pour le singulier : & *es* pour le pluriel: comme, *aimant, aimante, aimantes.*

Les Participes preterits des verbes de la premiere coniugaison sont terminez en *e* long pour le masculin singulier, comme *aimé:* & pour le femenin on adiouste vng autre *e* brief: comme, *aimée.* Le pluriel prend vne *s* a la fin, *aimees.* Quant aux autres coniugaisons, ils ont diuerses terminaisons: cōme, *Basti, bastie: Batu, batue: Rompu, rompue: Creu, creue: Crainct, crainte.*

¶ Le Participe futur des Latins en rus, comme Amaturus, se tourne en Frãcois par le futur Indicatif, *Il aimera*. & celuy en dus, cõme Amandus, par le present indicatif *Estre*, & le Participe preterit du verbe: comme, *Digne d'estre aimé*.

¶ Il fault noter que souuẽt des participes presens ou preterits, nous en faisons des noms substantifs: comme de *Pendant*, c'est a dire *qui est pendu*, nous faisons le substantif *Pendant*, qui signifie ce a quoy quelque chose est pendue. De *croissant*, nous disons *le Croissant de la lune*. De *Taillant*, c'est a dire coupant, nous disons *le Taillant de quelque ferrement que ce soit*. De *Escriuant*, c'est a dire qui escrit, nous disons *ung escriuant*. & plustost *escriuain*. De *Allant*, nous disons, *C'est ung grand allant*. c'est a dire vng trompeu, ou fin & cault homme. Ceulx qui sont formez du preterit, ne different en rien du femenin: comme de *Entree, La femme entree*, nous disons *l'Entree de la maison*. De *Pensee, La chose est toute pensee*, nous disons *Ma pensee & cogitation*, De *Tostee, & rotie*, nous disons *Vne tostee & rotie de pain*. De *Armee, Vne femme armee*, nous disons *Vne armee de gens d'armes*. De *Montee, Elle est montee*, nous disons, *Vne montee*, & *Vis a monter* aux estages d'vne maison. Ainsi d'autres tels infinis.

DES ADVERBES.

ADuerbes ce sont mots qui ne se declinẽt point, & pourtant n'ont aucuns articles: lesquels cõmuneement se ioignent aux verbes, pour monstrer quelle est leur action ou passion: comme, *L'homme sage se gouuerne sagement*. Ce mot *sagement* monstre en quelle maniere l'homme sage se gouuerne.

Quãd l'Aduerbe prẽd la nature de Nom, il ha vng article deuãt ainsique les Noms, cõme, *Le trop de biens le gaste*.

Quelque fois l'Aduerbe ne monstre point quel est le verbe en sa signification, comme les Aduerbes qui signifient lieu, quand on dit, *Ie m'en uay la, dela, d'ici, d'ailleurs*.

Aussi aucuns sont qui se ioingnent pareillement aux Noms, mesme adiectifs: cõme, *Fort noir*, *Trop riche*, *Bien blãc.*

LES ACCIDENS DES ADVERBES.

A l'Aduerbe il eschet trois accidens, Espece, Figure, & signification.

Des especes.

Il y a deux especes d'Aduerbes: L'vne primitiue, comme, *Ouy*, *Non*, *Bien*, *Mal*. L'autre deriuatiue: comme *Volontiers*, qui vient de *Volonté*: *Bonnement*, de *Bonne*. Et notez que tous Aduerbes en *ment*, sont deriuez: comme *Soudainement*, *Vistement*, *Sagement*, *Promptement*, de *Soudain*, *Viste*, *Sage*, *Prõpt* De *Iuste*, *Iustement*. de *Bonne*, *Bonnement*. esquels l'*e* brief au primitif, se prononce brieuement. Il en y a esquels l'*e* lõg du primitif, se prononce aussi longuemẽt: comme de *Aise*, *Aisement*, & ainsi des aultres. Ceulx qui se terminent en *ammant*, se tirent des participes en *ant*: comme de *Plaisant*, nous disons *Plaisãmant*. De *Vaillant*, *Vaillammant*.

Quelque fois nous vsõs d'aucũs primitifs: pour leurs Aduerbes cõme, *Fay uiste*, ou *Soudain cela*. pour, soudainemẽt.

De la figure.

Il y a trois figures d'Aduerbes: L'vne simple: comme *Ouy*, *Non*, *Hier*, L'autre composee: comme *Nani*, *Auanthier*, La tierce est de ceulx qui sont deriuez des composez: comme de *Malheureux*, *malheureusement*. Aucuns en y a qui sont composez de Noms & Verbes: comme *Pieca*, qui est composé de *Piece* & *a*, tierce personne du verbe *Ay*, *As*, *A*.

D'autres, de Noms & Participes: comme, *Maintenant*, de *Main*, & *tenant*. Les autres de Nom & Aduerbe, comme, *Iourduy*, auquel nous adioustons la prepositiõ *au*, ou le Pronom *ce*: comme *Ce iourduy*, *Auãthier*, *Auiourduy*. Les autres de Preposition & Nom: comme *Demain*. Les autres, de plusieurs Prepositions: comme, *Parauant*, *Auparauant*: quand elles passent en nature d'Aduerbe, c'est a dire, quand elles nont point de gouuernement: comme, *Au parauãt que ie ueinsse, tu estois uenu.*

Au demourant nous vsons bien souuent des Adiectifs & des Noms propres & appellatifs, auec la preposition *en*, pour aduerbes: comme, C'*est combatu en* Hercules, *en homme de bien, en sage capitaine.* la ou *en* sonne autant que *comme.* Nous nous aidons aussi pour Aduerbes de la preposition *a*, en suppliant *mode*, & luy adioustant vng denominatif: comme, *Il uit a l'Italienne, a la* Francoise. Nous le suppliõs aussi par les denominatifs femenins, auec la preposition *de:* comme *Il uit de prouidence, Il court de uistesse.* Toutes lesquelles facons sont mieulx receues & plus agreables que les aduerbes mesmes: de sorte que, *Il court de uistesse*, sonne mieulx que *Il court uistemet.* cõbien qu'il soit bon langage.

De la signification.

Il est beaucoup de diuerses significations d'Aduerbes. Les vns signifient

Temps

Present, comme, *Hores, Maintenant, Presentement.* Tẽps passé, comme, *Iadis, Pieca, Hier, l'Autre hier, Ausoir, Ia, Nagueres, Auparauant.* Temps futur, *Demain, Apres demain.* De ces trois sortes, en auons ici mis la plus part en ordre.

Adonc, pour lequel les Latins disent Tunc, comme sils pouoyent dire attunc, le *t* tourné en *d.*

Alors, Aucuns l'escriuent *a l'hors*, comme estant deriué du Latin, ad illam horam.

Auprime, & *Orzprime*, ou *Orprime*, ou selon aucuns *horaprime*, quasi qui diroit en Latin, Ad hanc horam primam.

Auiourdhuy, Voyez *Huy* vng peu apres.

Ce temps pendant, ou, *Entretemps*, en latin on dit Intereatemporis.

Cipricimi, mot composé de quatre, *ci pris, ci mis.* Pour dire incontinent & sans delay. comme qui diroit, *en ce lieu, pris, & en ce mesme lieu pendu.*

Combien de temps y a il, aucuns escriuent *Quand bien*, &c.

Demain, composé de la preposition *de* & *main* qui signifie *matin*, comme si en Latin on disoit de mane, dont es rhythmes on dit *Soir & main*. Plus ſouuent on dit *matin*, & auſſi ſouuent *Demain matin*.

Donc, qui viẽt de tunc Latin, le *t* tourné en *d*. Mais nous en vſons pluſtoſt pour ſignifier le mot Latin Ergo ou Igitur, *Vien donc*: & pour Tunc, nous diſons *Adonc*.

Entretemps, ou *Ce temps pendãt*, en Latin on dit, Interea tẽporis.

Guere, ou *Gaire*, ſignifie beaucoup ou moult, ſoit de tẽps ou autre choſe: & ne ſe met iamais ſans negatiõ precedante: cõme, *Il n'y a guere qu'il eſt uenu*: pour, *Il n'y a point moult de temps*. *Il n'y a guere de uin*. Les Sauoyẽs en vſent ſans negation en interrogant, *Guere cela?* cõme ſils diſoyent, *Cela couſtera il beaucoup?*

Hier vient du Latin Heri, per tranſpoſition des lettres.

Huy, c'eſt ce qu'on dit Hodie en Latin. De ce mot eſt compoſé *Auiourdhuy*, pour Hodierno die. Auſſi *Maiſhuy*: comme quand nous diſons, *Ie n'i iray maiſhuy*: c'eſt a dire, plus *d'auiourdhuy*.

Ia, nous ſert pour le mot latin Iam, en oſtant m. cõme quand nous diſons, *Eſt il ia uenu?*

Iadis pour *le tẽps paſſé*. quaſi qui diroit en Latin Iã dictũ.

Iamais & *Touſiours*, ſont aduerbes de temps perpetuel, & ſe ioingnent a tous temps. comme, *Ie ne le fei iamais. Ie ne le feray iamais. C'en eſt faict a iamais*. c'eſt a dire a touſiours. il ſemble qu'il vienne du Latin iam magis.

Incontinent, & *maintenant* ſignifient tout vng, & ſen ſert on quand on denote vne choſe eſtre ſoudain & preſentement faicte, comme tenant la main a ce, ſans entremettre quelque autre choſe.

Iournellement, c'eſt a dire De iour en iour, ou Tous les iours. Il vient *de Iournel*.

Lendemain, ou *Le lendemain*, comme qui diroit en Latin In demane. Nous diſons auſſi *Le iour d'apres, ou d'appres*, comme ſi on diſoit en gros Latin dies de appropе.

Longuement, pour vng long temps.

Maiſhui, ou *Meſhui*, c'eſt a dire Plus d'auiourdhui, comme quand nous diſons, *Ie ne le feray meſhuy*. Voyez vng peu plus hault, en *Huy*.

Oraprime, ou *Orprime*, Voyez *Auprime*, ci deſſus.

Ores, ce'ſt a dire, maintenant.

Onques, pour dire Iamais. il ſe met touſiours auec negation, & preſque touſiours ſe dit du temps paſſé. comme, *Ie ne le ui onqnes*. Il vient du mot latin Vnquam.

Parauant, *Parci deuant*, ou *Vng temps iadis*, ſignifient preſque tout vng.

Pieça, il eſt composé de deux mots, *piece a*, ou *ha*, du verbe *Auoir*. pour, il y a long temps.

Preſentement, peult eſtre ioingt au futur, cõme, *La choſe ſe fera la preſentement*. c'eſt a dire, tout a l'heure, ou ſur l'heure.

Puiſque, ou *Apreſque*.

Quand, pour, en quel temps: cõme, *Ie neſcay quand cela ſe fera*. Il eſt auſſi interrogatif: comme, *Quand ſe fera cela? Quand le faites uons? Quand faites uous cela?*

Quant bien y a il? ou *Quant long tẽps y a il?* pour Cõbien y a il? Ainſi aucuns eſcriuent comme venãt du Latin, Quantum temporis eſt, ou Quàmlongum tempus eſt.

Soir, *Au ſoir*, *De ſoir*, c'eſt a dire, Vers la nuict: ou, au veſpre. *Bon ſoir*, pour, Bon veſpre.

Souuent, ou *Souuenteſfois*, c'eſt tout vng.

Tantoſt, comme qui diroit *tan to*, du Latin Tam cito.

Tandi, pour temps di, ou en temps di, comme qui diroit en gros Latin In tempore dicto. Nous diſons autrement, Ce temps pendant.

Toutiour, ou *touſiours*, pour *tous les iours*, c'eſt a dire tout le temps, en tous les temps.

Veſpre, *De ueſpre*, *Au ueſpre*, pour au ſoir. Voila quand aux Aduerbes qui ſignifient temps.

Il y en a d'autres qui ſignifient

Lieu,

Leſquels, pour le plus, auons ici mis par ordre des lettres, pour trouuer promptement.

Ailleurs, c'est a dire En autre lieu.

Ca, signifie au lieu, ou pres du lieu ou est celuy qui parle. comme *Il uient ca*, ou *Il uient en ca*. Le contraire & opposite de cestuy, est *La*, signifiant au lieu, ou pres du lieu, loing de celuy qui parle: comme, *Il ua la*, ou, *Il s'en ua la*, *Il ua en la*. Ils peuuent aussi estre Aduerbes temporels: cōme quand nous disons, *Depuis dix ans en ca*. *De la a deux mois*.

Ci, demonstre le lieu prochain de celuy qui parle comme fait *Ca*. On n'vse guere de *Ci*, sans la preposition *par* apres le verbe. lors il est demonstratif de mouuement par lieu: comme *Le Roy passera par ci*. Que si on le met deuant le verbe, il est tousiours sans preposition: comme, *Il a ci esté*, *Il est ci uenu*, *Il est ci passé*.

Dedens, est composé de la preposition *de* & *ens*, *deens*, auquel on adiouste vng *d*, pour aider la prolation *dedens*.

Dehors, semble estre faict de Deforis, en muant *f* en *h*: & se ioingt aux trois verbes, *Aller*, *Venir* & *Estre*, cōme, *Il est Dehors*, *Il ua dehors*, *Il uient de dehors*.

Dont semble venir de Deunde, s'il se disoit en Latin, c'est a dire, de quel lieu.

En, est comme relatif du lieu ou de la chose de laquelle il est parlé: comme s'il est mention de quelque lieu, nous disons, *I'en uien*, *En uenez uous?* Plus souuent s'entend de la chose mentiōnee: comme, *Ie n'en ay point*, a scauoir de l'argent dict. Aussi menaceans nous disons, *Tu en auras*, a scauoir des coups. Pareillement interrogans disons, *En as tu?* c'est a dire, *As tu de ce que ie te demande?* Quant a ceste facon de parler, *Il y en a*, *Il en est*, comme, *Il en est*, ou *Il y en a en ce monde a qui ne chault de Dieu*: elle n'est point receue, de ceulx qui parlent bien: car il fault dire, *Il est des hōmes en ce monde*, &c. *Il est de bestes sauuaiges*.

Ens, se dit pour dedens: comme *ci ens*, *Le maistre de ci ens*, *Ie uay ci ens*, *Ie uien de ci ens*, *Ie passeray par ci ens*, pour *ci dedens*, Et parlans d'vng lieu plus loing, nous disons, *Il est li ens*. *Va li ens, Ie uien de li ẽs.* Et ne fault pas escrire *Leans*, nõ plus que *Ceans a bon uin*, mais, *Liens*, *Ciens*.

Fors pour *hors*, on en vse en quelques lieux de la France, disãs, Allez fors. Nous en vsons aussi en ceste maniere de parler, *Ie feray tout fors que cela.* pour, hors mis cela. De ce est *Forclos*, & *Forclus*, & *Forain.* cõme peulx veoir au dictionaire Francois Latin.

Hors & Dehors, sont faicts de Foris & foras, & deforis, muans *f* en *h*: & se ioingnent aux trois verbes *Aller*, *venir* & *Estre*, comme, *Il est hors, ou dehors. Il sen ua dehors. Il reuient de dehors.* Nous disons aussi, *Il est hors du sens, Il est hors la uille.*

I ou *y*, signifie en ce lieu, par ce lieu, & au lieu, cõme, *y allez uous?* c'est a dire, Allez vous en ce lieu la? *y passerez uous?* pour, passerez vous par ce lieu la? *y estes uous?* pour, estes vous en ce lieu la?

Ici, est composé de *i* & *ci* demõstratif du lieu prochain. il sert a tout lieu, c'est a dire qu'il se ioingt aux trois verbes, *Aller*, *Venir*, & *Estre*: cõme, *Ie m'en uay ici, Tu passeras ici, Il uient d'ici, Il est ici.* Il se ioingt a la preposition *de*, comme *Il sen ua d'ici.* & *D'ici a dix ans.*

Ila, semble composé de *i* & *la*, tellement que ce soyent deux Pronoms composez: & ne vault que *la*. car ou on met *la*, on peult dire *ila*, ou *ilec*. *Il est ila*, ou *ilec*, *Il ua ila*, ou *ilec*, *Il uient d'ila*, ou *d'ilec*. Aucuns escriuent *illa*, comme venant de illic Latin, illinc, ou illuc: mais ce que premier est dict semble mieulx.

La, signifie lieu loingtain de celuy qui parle, comme *Ca* signifie le lieu ou est celuy qui parle. Voyez *Ca* vng peu deuant. *Il est la, Il ua la, Va la, Ie uien de la, Va par la, uers la, iusques la.*

Li, vault autant que *la*, mais on ne sen sert gueres que auec *ens*, cõme, *Il est liens*, pour la dedẽs. Voyez ci dessus *Ens*.

Ou, est faict de Vbi Latin, en ostãt bi, & tournãt u en *ou*. Il se ioingt aux quatre verbes, *Aller*, *Venir*, *Estre*, & *Passer*. comme, *Ou allez uouss? D'ou uenez uous? Ou estes uous? Ou passe-*

rez uous? Nous disons, *Par ou passerez uous*? c'est a dire, par quelle part, ou par quel costé, ou par quel lieu: & *Vers ou*, c'est a dire, vers quel costé.

Vers, est pour Versus en Latin. comme, *Ie m'en uay uers Orleans. Vers ou uas tu?* ou *Vers quel costé.*

Affirmatifs.

Il est aussi des aduerbes affirmatifs: cõme *Certes, Veritablement, Asseureement, Il est ainsi, Voire.* Il y en a vng qui en respondãt afferme, qui est, *Cest mõ*, pour *C'est moult*: cõme qui diroit en Latin, est multũ. Nous en vsons pour dire, *Il est ainsi que tu dis.* Il y en a vng autre, *C'est a sçauoir*, duquel no⁹ vsõs en ceste sorte. *Tu feras ce que ie sçay que tu fais diligemmẽt, c'est a sçauoir que tu poursuyuras ce que ie t'ay commande.*

Negatifs.

Non, Ne. Ils different en vsage: car en interroguant nous vsons de *ne*, & de *Non* en respondant. *Ne ueulx tu pas desiuner?* On respond, *Non.* Quelque fois *Non* n'est point responsif, comme, *Pierre m'a faict ung grand tort: & non contãt de cela, il m'a faict ung tort non moins perilleux que meschãt. Iaques est ung homme sçauant, non pas tant toutesfois qu'on pense.*

Nani ou *Nanin*, sert aussi en respõse. *As tu faict cela?* On respond, *Nanin.*

Ni & *ne*, souuent sentresuyuent, comme, *Pierre, ne Iaques, ni Iehan, ne me ferõt riẽ. Ie n'iray point*, pour *ie ni iray point*. Quelque fois *n'y* auec l'apostrophe, est mis pour negation *ne*, & Aduerbe signifiant lieu: comme, *Ie n'y ay pas esté, & n'y uouldroye auoir esté.*

Appellatifs.

He, Hau, Haula, ou *Hola*. Ausquels nous respondõs, *Quoy?* cest a dire, *Que uous plaist il? Plaist il? Plaist uous?*

Collectifs.

Pareillement, Semblablement, Presque, Quand & quand, Ensemble, Ensembleement, Auec l'ung l'autre.

Comparatifs, ou denotans comparaison.

Plus, Moins, Mieulx, Pis ou Pire. Entre lesquels *Plus & moins,* peuuent former infinis comparatifs auec les Aduerbes de riuez des Noms, comme, *Plus uolontiers, sagement, prudemment, amoureusement, & moins follement*, & ainsi d'infinis autres. Quant au Superlatif *Tres*, il fait de mesme que les comparatifs *Plus* & *Moins*: desorte que nous disons *Tresbien, tresmal, tressagement*.

Defendans de ne faire, & dissuasifs.

Ne faictes pas cela.

Demonstratifs.

Voyci, d'vne chose prochaine: *Voyla*, d'vne chose loingtaine. On escrit mal, *ueci, uela*. Quelque fois nous disons, *Voyci uenir Pierre*, ou *qui uient*.

Desideratifs.

Volontiers, O si: comme, *O si i'auoye cela*. nous n'en auons guere: a ceste cause nous vsons de circunloquution, *Plust a Dieu, Ie uouldroye, A la mienne uolonté*.

Quand on doubte.

Aucuns denotent doubte: comme, *Parauanture, Par fortune, D'aduenture, De cas d'aduenture*. Nous vsons aussi de ces deux, *Possible & Peult estre*, en doubtant.

Quand on eslit.

Plustot, ou mieulx, Aincois.

Hortatifs.

Hai, Auant, Haiauant, Or auant, Sus, Or sus, Lala.

Interrogatifs.

Que fais tu? *Que* n'es tu venu? *Pourquoy* fais tu cela? *Pour quelle* cause? *A quelle* cause? Quand on heurte a vng huis, nous demandons, *Qu'est la? Qui est la? Qui est cela?*

Responsifs.

Ouy, comme, *As tu faict cela?* on respond, *Ouy*, ou *Nanin*.

Numeraulx, pour nombrer.

Nous auons aussi de Aduerbes seruans a nombrer, en adioustant *fois* au nombre numeral: comme *une fois, deux fois*, &c. en continnant par tous les noms des nombres. *six fois, dix fois, &c.*

Ordinaulx, pour declarer l'ordre.

Il en y a qui seruent a ordonner: qui sont terminez en *ent*, *Premieremēt*, *Secondemēt*, *Tiercemēt*, *Quartement*, &c. Nous vsons toutesfois d'autres facons de parler, pour iceulx: comme, *Depuis*, *Apres*, *Puis apres*, *En apres*, *En premier lieu*, *Pour la premiere fois*, *En premier article*, *Pour la secōde raison*, *Huictieme*, *ou Dixieme point*, & *Item*.

Pour noter la qualité.

Il en y a qui denotent la qualité des choses, comme, *Biē* mal, *Fort* docte, *Moult* sage. Le plus souuent sont terminez en *ment*, qui est adiousté au bout des mots femenins: comme de Secrete *Secretement*: Belle, *Bellemēt*: Doulce, *Doulcement*: Facile, *Facilemēt*: Seure, *Seurement*. Au participe termine en *ant*: en ostant le *t*, & tournāt *n* en *m*, nous adioustōs *ment*, pour faire l'Aduerbe: comme Abondant, *Abondāment*: Vaillant, *Vaillamment*.

La quantité.

Aucuns seruent a denoter quantité: comme, *Vng petit*, *Vng peu*, *Moins*, *Assez*, *Moyennement*, *Trop*, *Par trop*, *Beaucoup*, *Prou*, *Entredeux*, c'est a dire, ne trop ne trop peu. *Tant*, *Bien*, *Totallement*: *Pas*, *Point*, desquels deux est amplement traicté au Dictionaire Francois Latin.

Quand on remet & diminue.

Tout beau, *Bellement*, *Peu a peu*.

Separatifs.

Arriere, *A part*, *Separeement*, *En reuers*.

Denotans similitude.

Quasi, *Pres*, *Presque* cheut. *Comme*, *Quasi comme*, *Si*, en ceste maniere de parler, *Mon liure est si faict*, c'est a dire, tel. *Il est si fort*, *si docte*, c'est a dire tāt. *Ainsi*, *Tout ainsi*. *Il n'est point ainsi que tu dis*. *Ie l'ay ainsi dict*.

Il fault noter que quelque fois nous mettons deux ou trois Aduerbes ensemble: comme, *Allons la ou il y a de bon vin*. en gros Latin on diroit, Illuc vbi ibi illic est bonum vinum.

DES CONIONCTIONS.

Conionctions ce sont mots qui ne se declinent point: seulement seruent pour ioindre & assembler les mesmes especes des parties d'oraison, ou les clauses aux clauses, auec quelque signification: comme le substatif au substatif, ou Pronom: comme, *Pierre & Iehan, Cesar & moy.* Ou l'adiectif auec l'adiectif: comme, *Cesar magnanime & heureux.* Le Pronom au Pronom: côme, *Toy & moy.* Le Participe auec participe: cõme, *Le ialoux bruslant & ardant de ialouzie.* Ou le Participe auec l'adiectif: comme, *Vng couard & lasche, & hai des gens de bien.* Ou bien le Verbe au verbe: comme. *Il bruit & crie.* Elle conioinct aussi les Aduerbes: comme, *Il va lentement & pesantement.* Finallement elle conioinct les clauses: comme, *Il fait l'homme de bien, combien qu'il soit ung grand usurier.*

DES ACCIDENS DES Conionctions.

Il eschet a la Conionction deux accidens, a scauoir Figure & Signification.

Figure.

Les conionctions sont aucunesfois de simple figure: comme *Et, Ou, Ne, Mais, Que.* Il en y a d'autres qui sont composees: comme *Combien, Toutesfois, Sinon.*

Signification.

Aucunes des Cõionctiõs sont copulatiues qui ioignẽt non seulement les vocables & clauses, mais aussi le sens: come *Et, Aussi, Ainsi que.* Et combien que toutes cõionctions, en les prenant en termes generaulx, soyent copulatiues, nous appelons ici celles copulatiues qui ioingnent le sens auec confirmation. comme, *Pierre & Cesar sont hommes. Tu as este a Romme, aussi ay ie. Ie fay tout ainsi que tu fais.*

Il en y a vne disionctiue du sens, combien qu'elle con ioingne les vocables ou clauses: comme, *Cesar ou Pompee.*

Aucuns disent que *Ne* en est vne autre, cõme quand nous disons, *Ne toy ne luy*.

Les autres sont Adioẽtiues, *Pendant, Tandis que*: comme, *Ie feray mon debuoir pendãt que tu feras le tien*, ou *tandis que, &c*.

D'autres sont Aduersatiues: cõme *Mais, Toutesfois, Combien que, Ia soit ce, Au moins, A tout le moins, Ains, Aincois*: cõme, *Ie luy ay faict plaisir, mais il est ingrat. Si tu ne me ueulx faire bien, a tout le moins ne me fai point de mal.*

Il sen trouue des Continuatiues, ou Conditionnelles: comme *Si*. Exẽple, *S'il dort, il repose.*

Aussi d'autres qui rendent la cause de ce qui est dict, ou faict: cõme *Car*. Nous vsons quelque fois de Prepositions auec leur gouuernement, pour Conionctions, principalement de ceste sorte: comme *Par ce que*. Exemple, *Ie feray uostre uolonté, par ce que uous le meritez bien*. ou, *car uous, &c*.

Aucunes seruẽt quand on veult excepter quelque chose: comme *Sinon, Si ne, Sans cela, Autremẽt, & Que*. Exemple, *Ie ne sache homme qui le feist sinon toy*. ou, *que toy*. ou, *si n'est toy. Que si non, i'en suis content. Sans cela*, ou *aultrement, ie feray ce que tu uouldras.*

Autres sont negatiues: cõme, *Ie ne le feray, ni ne le diray. Iehan ne Pierre ne me feront faire cela.* Sur quoy il fault entendre que la premiere negatiue de la premiere clause du premier exemple est seulement aduerbe: & *ni ne*, conionction de la subsequente. Mais le premier *ne*, du second exemple, est conionction, par ce qu'il conioingt deux Noms substantifs, la ou le dernier n'est qu'aduerbe.

Il en y a qui inferent, ou recueillent des propos precedens, ce qu'il en ensuit: comme *Parquoy, Dont, Pourtant, Pource*. En Latin on les appelle Collectiuæ.

Quelcunes ne seruent que d'accomplir l'oraison, comme *Or, Donc, Doncques, Ordoncques.*

DES PREPOSITIONS.

Repositions ce sont petis mots, souuent d'vne syllabe, quelque fois d'vne lettre, le plus souuent de deux syllabes, & fort peu de trois, qui se mettent deuant les autres mots quãd on parle d'vng lieu, d'un ordre, ou qu'on dit cause pourquoy : cõme, *Il est en la chambre. Second apres cestuy là*, *Ie l'ay faict a cause de luy.*

Il en y a des simples, comme *A*, *Au*, *Aux*, *De*, *Du*, *&c.* Et des composées entre elles: comme, *Parauant*, *Au parauant*, *En derriere*, *Entre.* De toutes a peu pres, nous traicterons selon l'ordre des lettres: & premierement des simples.

A & *Au*, & leur pluriel *Aux*, seruent pour articles, comme il a esté dict ci deuãt en la partie Des articles. comme, *Ie l'ay donné a Pierre, au vigneron, & aux poures.* Il sert aussi autant que la preposition Latine Ad. comme, au lieu que les Latins dient, Eo ad patrem, nous disons, *Ie m'en uay a mon pere.*

Apres, est pour Post Latin.

Arriere, ou *Loing*, pour Procul. comme *Arriere de nous.*

Au, voyez A, vng peu deuant.

Auec, nous sert pour le Cum preposition Latine: comme, *Auec mon pere.*

Auant, pour Ante, comme, *Auant le temps.*

Aux pluriel de A *&* *Au*, voyez A, vng peu deuant.

Chez pour Apud: comme, *Chez mon pere*, Apud patrem.

Contre, pour Contra, ou Aduersus Latin: dont vient *Encontre*, ou *Alencontre de tels.* Ils se prennent aussi pour pres.

De, qui ha pour son pluriel *des*, est vng article seruant a demonstrer les genitifs tant singuliers que pluriels. comme, *L'habit de Pierre*, ou *de femme.* Voyez deuãt les Noms, la partie Des articles. Il nous sert aussi pour les Prepositiõs Latines A & De: comme, Habui à Petro, *Ie l'ay eu de Pierre.* Audiui ex te, *Ie l'ay ouy de toy.*

Deca, pour Cis, Citra, Latin. il signifie le lieu plus prochain: comme *Dela* (c'est a dire oultre, pour lequel on dit en Latin Vltra) signifie le lieu plus loingtain. cõme, *Deca le Rhein*, vers la Frãce: *Dela*, ou *Oultre le Rhein*, vers l'Alemaigne.

Dedens, ou *Dedans*, pour Deintus, en interposant vng *d.* pour rendre la prolation plus doulce, laquelle seroit rude en disant *Deens*, *Il est dedens la maison.*

Dela est contraire a *Deca*. *Aller dela la mer*. Voyez *Deca*, vng peu deuant.

Derriere nous est pour Post Latin, ou retro: comme, *Par derriere*, *Derriere le temple.*

Des est le pluriel de *de*. Voyez *De*, vng peu deuant.

Dessoubs sert pour Subter, ou Subtus Latin. *Estre dessoubs*, *Par dessoubs.*

Dessus est le contraire de *Dessoubs*. en Latin on dit Super, Supra. *Estre dessus.*

Deuers, comme, *Regarde deuers moy*. En Latin on dit versus. *Enuoyer deuers le Roy*, Mittere ad Regem

Du, ou *de*, est le singulier de *des*. Voyez *De*.

En est faict de In Latin. Le pluriel est *Es*: comme, *En la maison*, *Es maisons*: & signifie lieu de retraicte, ou residence. Nous disons parlans d'vng pais, *Ie m'en uay*, ou *ie suis en Chãpaigne*, & non point *A Champaigne*. Mais parlans d'vne ville nous disons, *Ie m'en uay a Paris*, *A lion*, & non point *en Paris*. Pareillement nous disons, *Il est a Rome*, ou *dedens Romme* Nous disons aussi, *En allant a Paris*, *En estudiant*, *Il est en prison On le meine en prison.* Quelque fois il signifie similitude: cõme quãd nous disons, *C'est faict en hõme*, *C'est faict en beste.* qui vault autãt que si on disoit, *Cõme ung homme Cõme une beste.* Aucunesfois il est Aduerbe ou Pronom relatif tout ainsi que Y: comme, *Il est bien malade, il en mourra. Il ma faict tort, il sen repentira.* Il est aussi postposé a ces Pronoms, *me, te, se, nous, uous*, quand lesdicts Pronoms se ioingnent aux verbes de mouuement: comme, *Ie m'en uay*, *Ie m'en reuiẽ*, *Il sen ua*, *Tu ten uas*, *Vous uous en allez.*

Enuers, ſert pour erga.comme, *Enuers toy*, Erga te.

Entre, eſt faict de Inter, en changeant *i* en *e*, & trāſpoſant *r*. *Iouons entre nous*, Ludamus inter nos.

Es, eſt le pluriel de *en*, comme il eſt dict en *En*.

Hors, ou *Dehors*, ſont pour Extra Latin.cōme, *Hors temps & heure*, *Dehors la maiſon*.

Iouxte, pour Iuxta Latin, aucuns en vſent, mais c'eſt trop depres ſuyure le Latin.

Iuſques, ou *Iuſque*, ſert pour la Prepoſition Latine Vſque: on a ſeulement adiouſté vng *i* deuant.

Oultre, vient de Vltra, en tournant *u* en *ou*.

Par, eſt le Per des Latins, en muant *e* en *a*. *De par Dieu ſoit*, *Par la*, *Par fois*; *Par tel ſi*.

Pour, ſert au lieu de Pro Latin, en muant *o en ou*, & tranſ poſant *r*. *Pour ma part*, *Pour le plus*, *Pourquoy*.

Pres eſt pour le Iuxta des Latins. *Pres la maiſon*.

Puiſt, ou *Puis*, eſt faict de Poſt Latin, qui ſignifie *Apres*: comme, *Puis*, ou *Puiſt me dict*. Dont vient *Depuiſt que*. Nous ioingnons quelque fois les deux, *Puiſt apres*.

Sans, eſt pour le Sine des Latins.comme, Sine fine, *Sans fin*. Sine cauſa, *Sans cauſe*.

Selon nous ſert autant que Secundum Latin.comme, *Selon le lieu & le temps*, *Selon que ie penſe*.

Soub, ou ſelon aucuns *Soubs*, vient de Sub Latin, *u* tournē en *ou*. *Soub toy*; *Soub moy*.

Sur, eſt le Super des Latins, en oſtant pe. Aucuns tournēt *r* en *s*, *Sus*, *Sur le toict*.

Vers, vient de *Verſus* Latin, en oſtant *us*. comme, *Vers l'Orient*, *Vers l'Occident*.

¶Il y a des Prepoſitions compoſees entr'elles: comme, *Parauant*, *Auparauant*, *Enderriere*, *D'entre*, *Encontre*, *Aupres*, *Endedans*, *Enarriere*.

DES INTERIECTIONS.

INterieƈtions, ſont mots qu'on entreieƈte & entremet parmi vng propos, pour demonſtrer l'affeƈtion de celuy qui parle:& ne ſe declinēt point, ne ne ſont le plus ſouuent que d'vne ſyllabe.

Il en y a de diuerſes ſortes leſquelles difficilement ſe peuuēt toutes mettre par eſcript: car chaſcun ſelon ſes diuerſes affeƈtions ietre quelque voix ou de triſteſſe, ou de ioye, ou pour demonſtrer quelque choſe aduenue ſoudain, a laquelle in n'a penſé, dont il ſeſmerueille, ou ſeſcrie. Nous en declarerons ici les plus communes.

H*a*, ſert quelque fois a melancholie, comme, H*a quelle faſcherie*. Autreſſois a la cholere: comme, H*a meſchant tu es mort*. Auſſi a la ioye & riſee: comme, H*a ha ha he*.

O, eſt vne interieƈtion d'admiration: comme, O *que uoi la une belle maiſon*. O *que de peuples* Il eſt auſſi imprecatif: comme, O *mon Dieu*.

H*ei*, ou H*e*, nous ſert pour appeler aucun: cōme, quand on dit, V*ien ca hei*.

H*au*, ſert auſſi pour appeler: comme, H*au Pierre uien ca*.

H*ai*, eſt pour exhorter: comme, H*ai auant*. Nous en vſons auſſi en complaintes: cōme, H*ai hai hai uovs me bleſſez*.

P*hi phi*, ſert quand nous reieƈtons, ou deteſtons quelque choſe.

H*elas*, eſt ſouuent vſité quand on ſe lamente: comme, H*elas que feray ie*.

H*oé* ſert en admiration, ou eſtonnement: comme quād on dit, H*oé qu'eſt cela?*

VOILA ce qui ſeſt preſente a dire des lettres, & des neuf ſortes de mots ou parties d'oraiſon en noſtre langue Francoiſe.

DE LA MVTATION DES LETTRES des mots Latins faicts Francois.

Reste a monstrer comment nostre langage Francois pour la plus grande partie, est faict du Latin. Pourtant donques que nostre langage est quasi tout tiré du Latin, en mettant vne lettre pour autre, en ostãt quelque lettre ou syllabe, en adioustant, en interposant, ou transposant: a ceste cause en auons ici voulu mettre en auãt quelques exemples selon l'ordre tant des voyelles que des consonantes: a fin que tu voyes quelle maniere nos anciẽs ont tenu a ce faire, & combien ils l'ont faict proprement & doulcement.

A tourné en E.

A de la fin des mots Latins, aussi quelque fois du commencement, est souuent changé en E, pour en faire le mot Francois: comme voyez en ces exemples.

Ala, *Aile.*	Chisma, *Chisme.*	Comitatus, *Conté.*
Mula, *Mule.*	Talis, *Tel.*	Ducatus, *Duché.*
Pluma, *Plume.*	Qualis, *Quel.*	Bonitas, *Bonté:* &
Porta, *Porte.*	Sal, *Sel.*	ainsi presque tous
Scriba, *Scribe.*	Mare, *Mer.*	les autres mots ter
Apostema, *Apostume.*	Æstas, *Esté.*	minez en tas.
	Caritas, *Cherté.*	

A en I.

Vacuus, *Vuide.*	Vacuare, *Vuider.*	Cerasum, *Cerise.*

Cerasetum, *Cerisee*, ou *Cerisaye.*

A en O V.

Tangere, *Toucher.*

A en E A.

Aqua, *Eaue.*

A en A I diphthongue.

Pax, *Paix.*	Facere, *Faire.*	Tacere, *Taire.*
Fascis, *Fais.*	Amare, *Aimer.*	Vado, *ie Vay.*

Acer, *Aigre.*
Macer, *Maigre.*
Area, *Aire.*
Dama, *Daim.*
Lana, *Laine.*
Rana, *Raine.*
Nanus, *Nain.*

Stannum, *Estain.*
Stramen, *Estrain.*
Fames, *Faim.*
Mane, *Main.* pour *Matin.* dõt vient *Demain.*
Manus, *Main.*

Sanus, *Sain.*
Planus, *Plain.*
Vanus, vana, vanũ, *Vain.*
Villanus, *Villain.*
Trames, *Traim.* dont on dit, *Il ua grand train*, c'est a dire, legierement. Et, *Il ua a grand traim.* pour, il ha grãde suite apres soy, il ha grande famille. Combien que *Train* pourroit venir de Tranare, *Trainer.* comme si on trainoit apres soy vne compagnie de seruiteurs.

Quelque fois ceste diphthongue A I, est ioincte, comme on voit es exemples ci dessus: quelque fois elle est separee: comme, *Il a traï son frere. Il haï ung tel,*

A en AV, principalement quand au mot Latin suit vne *l.*

Falsus, *Faulx.*
Saltus, *Sault.*
Calidus, *Chauld, Chaulde.*
Calx, *Chaulx.*

Alter, *Aultre.*
Aliquis, *Aulcun.* il est faict de Aliquis vnus.
Altus, *Hault.* *Haulte.*

Falx, *Faulx.*
Salix, *Saulx.*

A en OV.

Aperire, *Ouurir.*
Apertus, *Ouuert, Ouuerte.*

AV en O, ou en OV.

Aurum, *Or.*
Aurifaber, *Orfeure.*
Thesaur⁹, *Tresor.*
Auricula, *Oreille.*
Auis, *Oiseau.*

Claudere, *Clorre.*
Claustrũ, *Cloistre.*
Clausum, *Clos.*
Pauper, *Pouure.*
Audire, *Ouir.*
Cauda, *Coue*, ou *Queue.*

Caudatus, *Coué.* dont viẽt *Couard.*
Clauus, *Clou*, dont vient *Clouer, Enclouer.*

B en C.

Cubare, *Coucher.*
Cubile, *Couche.*

B en F.

Trabs, *Trefs.*
Bubalus, *Bufle.*
Tuber terræ, *Trufle.*
Sibilare, *Sifler.*

B en G.

Ruber, *Rouge.* Rabies, *Rage.* cõbien que Cãbire
Rubere, *Rougir.* Cãbire, *Changer*, ne soit Latin.

B en P.

Turba, *Troupe.* Turbo, *Toupie.*
Turbella, *Troupeau.* Turbinare, *Toupier.* Lambere, *Laper.*

B en V.

Faba, *Feue.* Ibernum, subaudi tempus: *Yuer*, ou *hyuer.*
Faber, *Feure.*
Libra, *une Liure.* Ebrius, *Yure.*
Liber, *ung Liure.* Ebur, *Yuoire.* Debitus, *Deu, Deue.*
Taberna, *Tauerne.* Habere, *Auoir.* Debitum, *Vng Deut* ou *Debte.*
Caballus, *Cheual.* Cubare, *Couuer.*

C en CH.

Caballus, *Cheual.* Bucca, *Bouche.* Muscus, *Mousce*, ou *Mousse.*
Camin⁹, *Cheminee.* Pertica, *Perche.*
Vacca, *Vache.* Musca, *Mousche.* Peccatum, *Peche.*

C en G.

Alacer, *Alaigre.* Ficus, *Figue*, ou *Figuier.* *Lieu.*
Acuere, *Aguiser.* Locare, *Loger.*
Acutus, *Agu.* Muscata nux, *Noix musguette.* Callus, *Galle.* aussi pour maladie, dõt on dit *Galleux.*
Macer, *Maigre.*
Acus, *Aguile.* Locus, *Loge, Logis*,

C en QV.

Nasci, *Nasquir*, & *Naistre.* Bellicus, *Bellique.*
Historicus, *Historique:* ainsi des adiectifs Latins en cus.
Coquus, *Queu.*

C en T.

Pascere, *Paistre.* Crescere, *Croistre.*
Nasci, *Naistre.* Cognoscere, *Cognoistre.*

D en C, ou CH.

Expedire, *Despescher.* Impedire, *Empescher.*

D en G.

Rodere, *Ronger.* Mandere, *Manger.* ou *Menger.*
Viridariũ, *Vergier.*
Hordeum, *Orge.* Tardare, *Tarder*, ou *Targer.*

D en G.

Iudex, *Iuge*. Vindicare, *Venger*. Medicus, *Mege*, mot
Iudicare, *Iuger*. Vindicta, *Vengeãce*. anciẽ, pour *Medecin*.

D en L.

Egidius, *Gile*.

D en M.

Consuetudo, *Cou-* Amaritudo, *Amer* Incus, incudis, *En-*
stume. *tume*. *clume*.

D en T.

Pedere, *Peter*. Plaudere, *Ploter*.

E en A.

Per, *Par*. *der*. *che*.
Perfectus, *Parfaict*. Merx, *Marchãdise*. Videns, *Voyant*.
Mercari, *Marchan-* Mercatus, *le Mar-* Sapiens, *Sauant*.

E en EI diphthongue.

Auena, *Aueine*. Plenus, *Plein*, *Pleine*. Ingenium, *Engein*.
Fræuum, *Frein*. Ren, *Reine*. Strena, *Estreine*.

E en EV.

Debitus, *Deu*, *Deue*. Debite, *Deument*. Conceptus, *Conceu*.
Debitum, *Deut*, Receptus, *Receu*,
ou *Debte*. *Receue*.

E en I.

Legere, *Lire*. Cera, *Cire*. Temo, *Timon*.
Lectus, *Lict*. Tegula, *Tieule*. Tapes, *Tapis*.
Dilacerare, *Decirer*. Venenũ, *Venim*.
Precari, *Prier*. Ebrius, *Yure*.

E en IE.

Petrus, *Pierre*. Tepidus, *Tiede*. Mel, *Miel*.
Petra, *la Pierre*. Ferus, *Fier*, *Fiere*. Fel, *Fiel*.
Vetulus, *Vieil*, ou il est faict de Heri, *Hier*.
Vieille. Ferox.

E en O.

Ergo, *Or*.

E en OI.

Tela, *Toile*. Hæres, *Hoir*. Stella, *Estoile*.

Seta, *Soye.*
Sericum, *Soye.*
Debeo, *je Doy.*
Directus, *Droict, Droicte.*
Tectum, *Toict*, ou *Tect.*
Velum, *Voile.*
Vere, *Voire.*
Rex, *Roy.*
Lex, *Loy.*
Legebam, *Lisoye.*
Dormiebam, *Dormoye.*
Legerem, *Liroye.*
Viderem, *Voiroye.*
Dormirem, *Dormiroye.*

G en C, ou CH.

Mungere, *Moucher.*
Tangere, *Toucher.*
Gingiua, *Genciue.*
Pungere, *Pincer.* dont vient vne *Pince*, qu'on dit en Latin Forceps.

G en D.

Stringere, *Estreindre.*
Vngere, *Oindre.*
Pungere, *Poindre.*
Pingere, *Peindre.*
Fingere, *Feindre.*
Tingere, *Teindre.*
Iungere, *Ioindre.*
Cingere, *Ceindre.*
Stringere, *Estreindre.*
Surgere, *Sourdre.*
Spargere, *Espardre.*

I en A

Lingua, *Langue.*
Lange a enueloper les enfans, pour *Linge.*

I en E.

Litera, *Lettre.*
Tristitia, *Tristesse.*
Lætitia, *Liesse.*
Mittere, *Mettre.*
Missus, *Mes de table.*
Episcopus, *Euesque.*
Vitulus, *Veau.*
Circulus, *Cercle.*
Pauimentum, *Pauement.*
Vestimentum, *Vestement.*
Excipere, *Excepter.*
In, *En.* & presque tous les composez de In, comme Infans, *Enfant.*
Inflare, *Enfler.*

I en EI.

Mirabile, *Merueille.* dont vient *Esmerueiller.*
Vigilia, *Veille.* dōt est *Esueiller.*
De Transuigilia, si ce disoit, vient *Trauail:* & de Transuigilare, *Trauailler.*

I en EV.

Visus, *Qui est ueu, Veue.* Bonne *Veue.*

I en G.

Simia, *Singe.*
Saluia, *Saulge.*
Vindemia, *Vendenge, Vendenger.*
Diuio, *Digeon*, ou *Dÿon.*
Somnium, *Songe.*
Mentis somnium, *Mensonge.*

Somniare, *Songer.*
Granariū, *Grange.*
Abbreuiare, *Abbreger.*
Gobio, *Gougeon.*
Viridariū, *Vergier.*
Sturio, *Estourgeon.*

I en OI.

Via, *Voye.*
Isara, *Oise*, fleuue. dont vient *Pontoise.*
Frãciscus, *Francois.*
Pirum, *Poire.*
Pix, *Poix*, ou *Pois* dont vient *Poissard*, pour vng
Larron, & *Poisser.*
Pistis, *Poisson.*
Ligeris, *Loire.*
Piper, *Poyure.*
Eligius, *Esloy.*
Digitus, *Doigt.*
Pilus, *Poil.*
Vicinus, *Voisin*, *Voisine.*
Strictus, *Estroict*, *Estroicte.*
Niger, *Noir*, *Noire.*
Vitrum, *Voirre.*
Pisum, *Pois.*
Siligo, *Soigle*, ou *Segle* de Secale.
Fides, *Foy.*
Bibere, *Boire.*

I en V.

Primarius, *Prumier*, ou *Premier.*
Fimetum, *Fumier.* comme qui diroit Fumiarium.

L en R.

Luscinia, *Roscignol.*
Epistola, *Epistre.*
Apostolus, *Apostre.*
Capitulum, *Chapistre.*

L en T.

Ansula, *Ansette.*
Vlula, *Hulote.*
Palliolum, *Palleto.*

M en N.

Mappa, *Nappe.*
Natta, *Natte.*
Quelque fois on reiecte m, comme de Lambere, nous disons *Laper.*

N en M.

Femina, *Femme.*
Somnus, *Somme*, ou *Sommeil.* dont vient *Assommer*
Vindocinum, *Vendome.*

N en V.

Constare, *Couster.*
Tangere, *Toucher.*
Consuere, *Coudre.*
Consuetudo, *Coustume.*
Sponsus, *Espoux.*
Sponsare, *Espouser.*
Cōuentus, *Couuēt.*
Tondere, *Touser.*

Quelque fois on reiecte n, comme de Mãsio, nous disons *Maison*, de Insula, *Isle.*

O en A.

Octoginta, *Octante.*
Domina, *Dame.*

O en E.

Ego, *Ie*, ou *Ge*.
Homo, *Homme*.
Virgo, *Vierge*.
Amo, *i'Aime*.
Imago, *Image*.
Cubo, *ie Couche*.

O en EV.

Hora, *Heure*. & *Heur*, dont viēt *Heureux*.
Mora, *Demeure*.
Mola, *Meule*.
Nodus, *Neud*.
Modus, *Meud*, & *Mode*. l'vng sert pour les meuds des verbes, l'autre pour la maniere de faire.
Coquus, *Queu*. ou *Cueu*. dont vient Cuisinier
Nouus, Nouem, *Neuf*.
Probus, *Preud*, *Preude*, dōt *Preud d'homme*, *Preude féme*, *Preud uons*
face, c'ēst a dire bien. Les douze *Preuds*.
Morum, *Meure*.
Solus, *Seul*.
Cor, *Cueur*.
Soror, *Seur*.
Labor, *Labeur*.
Sapor, *Saueur*.
Vapor, *Vapeur*.
Lāgor, *Langueur*.
Dolor, *Douleur*. ou *Doleur*.
Lector, *Lecteur*.
Doctor, *Docteur*.
Flos, *Fleur*.
Mores, *Meurs*.
Nepos, *Neueu*.
Bos, *Beuf*.
Possum, *ie Peu*.
Dolet mihi, *Il me deult*.
Volo, *ie Veul*.
Morior *ie Meur*.
Odiosus, *Odieux*.
Ambitiosus, *Ambitieux*.
Ventosus, *Venteux*.
Vinosus, *Vineux*.
Seditiosus, *Seditieux* . ainsi des Noms Latins terminez en osus. Langorosus, mal Latin. *Langoureux*.
Amorosus, *Amoureux*.
Laboriosus, *Laborieux*.
Laborator, *Laboureur*.

O en OEI.

Oculus, *OEil*.

O en OEV.

Ouum, *OEuf*.
Opus, *OEuure*.

O en OV.

Rota, *Roue*.
Totus, *Tout*.
Coluber, *Couleuure*.
Moles, *Moule*. mesure de gros bois mis en vng tas.
Color, *Couleur*.
Labor, *Labour*, & *Labeur*.
Amor, *Amour*.

Pollex, *Poulce.*
Nos, *Nous.*
Vos, *Vous.*
Mori, *Mourir.*
Pro, *Pour.* en cõ-
position on dit *Pro* & *Pour.*
Prouidere, *Prouuoir,* & *Pouruoir.*
Plorare, *Plourer.*
Probare, *Prouuer.*
Probum, *Prou,* c'est a dire beaucoup.
Florere, *Flourir.*

O en V.

Mẽbrosus, *Mẽbru.*
Carnosus, *Charnu.*
Gulosus, *Goulu.*
Ventrosus, *Ventru.*
Ramosus, *Ramu.*
Foliosus, *Fueilleu.*
Genosus, *Iouflu.*
Labiosus, *Lipu,* ou *Lippu.*

O en VI.

Coxa, *Cuisse.* dont *Cuissot.*
Corium, *Cuir.* dõt *Cuirasse.*
Ostium, *Huis.*
Hodie, *Hui.*
Octo, *Huit.*
Oleum, *Huile.*
Hostreum, *Huistre.*
Nox, *Nuict.*
Nocere, *Nuire.*
Coquere, *Cuire.*
Coquina, *Cuisine.*
Possum, *ie Puis,* ou *Peu.* dont vient *Puissant, Puissance.*
Post, *Puist,* ou *Puis.*
Depost, *Depuist.*

OE en OI.

Pœna, *Poine,* ou mieulx *Peine.*
Fœnum, *Foin.*
Mustela fœnaria, *Foine.*

P en B.

Vlyssipo, *Lysbone.*
Gratianopolis, *Grenoble.*
Constantinopolis, *Constantinoble.*
Duplus, *Double.*
Duplicare, *Doubler.*

P en C, ou CH.

Spuma, *Escume.*
Spumare, *Escumer.*
Rupes, *Roche.*
Rupella, *Rochelle.*

P en F.

Caput, *Chef.*

P en V consone.

Cupa, *Cuue.*
Cupella, *Cuuel,* ou *Cuuiel.*
Ripa, *Riue.* dont vient *Riuet* de soulier, *Riuer* vng clou, *Riuiere.*
Rapa, *Raue.*
Napus, *Nauet.*
Capillus, *Cheueul.* dont est *Cheuel,* ou *Cheuet,* autremẽt dict *Coussin.*
Piper, *Poyure.*
Pauper, *Poure,* ou *Pauure.*

Cyprium æs, siue cuprum, *Cuyure.*
Sepelire, *Enseuelir.*
Cooperire, *Couurir.* dont est *Couuercle, Couurechef.*
Aperire, *Ouurir.*
Aprilis, *Auril.*
Cupiscere, *Conuoister*, ou *Conuoister.*
Recipere, *Receuoir.*

QV en C, ou CH.

Coquina, *Cuisine.* dont vient *Cuisinier.*
Quinque, *Cinq.*
Appropinquare, *Approcher.*

QV en G.

Aqua, *Aigue.* dont vient *Aiguiere*, & *Aigues mortes.*
Æqualis, *Egal.*
Inæqualis, *Inegal.*

R en S.

Camurus, *Camus, Camuse.*

T en L.

Satur, *Saoul, Saoule.*
Saturare, *Saouler.*

T en G.

Natare, *Nager.*

T en R.

Petrus, *Pierre.*
Petra, *Pierre.*
Latro, *Larron, Laronnesse.*
Tonitru, *Tonoirre*,
Vitrum, *Voirre.* dont est dict *Verrines* & *Verrieres.*
Putrere, *Pourrir.*
Putris, *Pourri, Pourrie.*
Nutrire, *Nourrir.*
Butyrum, *Beurre.*

V en B.

Curuus, *Courbe.*
Curuare, *Courber.*

V en E.

Circulus, *Cercle.*
Mundus, *Monde.*
Velum, *Voile.*
Seculum, *Siecle.*
Stabulum, *Estable.*
Auditus, *Ouye.*
Visus, *Veue.*

V en EV.

Fluuius, *Fleuue.*
Coluber, *Coleuure.*

V en F.

Ouum, *OEuf.*
Neruus, *Nerf.*
Ceruus, *Cerf.*
Cerua, *Cerue.*
Seruus, *Serf.*
Viuus, *Vif.*
Natiuus, *Naif*, ou *Natif.*
Breuis, *Bref*, ou *Brief, Brieue.*
Grauis, *Gref*, ou *Grief.*
Clauis, *Clef.*
Saluus, *Sauf.*

V en I.

Ebur, eboris, *Iuire*, ou *Iuoire*. Pungere, *Pincer*.

V en N.

Rubus, *Ronce*. Pauo, *Pan*, *ou Paon*.

V en O.

Mundus, *Monde*.	Funda, *Fonde*.	Amamus, *Aimons*.
Summa, *somme*.	Sumus, *Sommes*.	Amabamus, *Aimions*.
Fundus, *Fond*.	Sunt, *sont*.	

V en OI.

Nux, *Noix*.	Iungere, *Ioindre*.	Punctum, *Poinct*.
Nucula, *Noisette*.	Crux, *Croix*.	Cuneus, *Coin*, ou *Coing*, *Coingner*.
Vngere, *Oindre*.	Pungere, *Poindre*.	

V en OV.

Culter, *Coultre*.	Surgere, *Sourdre*.	Genu, *Genouil*.
Cultellus, *Couteau*.	Bullire, *Boullir*.	Fœniculus, *Fenouil*.
Bucca, *Bouche*.	Nutrire, *Nourrir*.	Subtilis, *Soubtil*, ou *Subtil*.
Curia, *Cour*.	Sub, *Soub*.	
Curtus, *Court*.	Turba, *Tourbe*. ou *Tourpe*.	Fullo, *Foullon*. dont vient Fouller.
Subitus, *Subit*, *Soubite*.	Muscus, *Mousce*.	
Surdus, *Sourd*.	Furnus, *Four*.	

V en VI separez.

Puteus, *Puis*, dont vient *Puiser*, *Espuiser*.	Ducere, *Duire*.	Destruere, *Destruire*.
	Conducere, *Conduire*.	Instruere, *Instruire*.
Sum, *ie Suy*.	Lucere, *Luire*.	

Quelque fois *u* consonant, comme aussi *d*, *s*, & *t*, se met entre des voyelles, pour parfaire & remplir le son, comme pour *deant*, on escrit *deuāt*, qui viēt de Deante, qui n'est pas bon Latin. Pour *Aant*, on escrit *Auant*, qui viēt de Adante. Toutesfois pourtāt que le *d* des mots Latins est souuēt en Frācois tourné en *u*, il semble que ici *u* voyelle seroit seulement tourné en *u* consonant. *Aueugle*, qui est copose de A priuatif, & *eul* ou *eugle*: c'est a dire, sans eul ou oeil. Exēple des autres lettres, comme pour *Deens*, nous escriuons *Dedens*, interposant vng *d*, qui vient a Deintus. Pour *Dear*-

g. i.

mer, nous escriuons *Desarmer*, interposans *s*. pour *Ma ante*, nous escriuōs *Matante*, adioustās *t*, a fin que les sons soyēt pleins, & aisez a prononcer.

X en S, ou SS.

Extraneus, *Estrāge* ou *Estrangier*.	Experiri, *Esprouuer*. Axis, *Aisseul*.	Exire, *Issir*. Exitus, *Issue*.

NEVF AVTRES MANIERES DE faire qu'ont gardé nos anciens, pour de mots Latins en faire des Francois.

La premiere, en preposant au mot Latin vne lettre, cōme de Spiritus, ils ont faict *Esprit*: de Spina, *Espine*, en preposant *e*.

La II. en interietant au milieu du mot Latin quelque lettre: comme de Puella, *Pucelle*, entremettant vng *c*. de Turbare, ont faict *Troubler*, interietans vng *l*.

La III. en adioustant quelque lettre ou syllabe a la fin du mot: cōme de Quæstio, Portio, & semblables, ils ont faict *Question*, *Portion*, adiostans *n*.

La IIII. en ostant du commencement du mot Latin quelque lettre ou syllabe: cōme de Sordidus, ils ont faict *Ord*, de Ieiunium, *Iune*.

La V. en ostant du milieu du mot quelque lettre ou syllabe: comme de Fidere, ils ont faict *Fier*: de Laudare, *Louer*: de Plaga, *Playe*: de Sagum, *Saye*.

La VI. en ostant quelque lettre ou syllabe a la fin du mot Latin: comme de Odiosus, ils ont faict *Odieux*: de Adorare, *Adorer*.

La VII. en diuisant les syllabes en deux: comme de Boscon, *Bois*, d'vne syllabe: ils ont faict *Bouis* de deux syllabes, qui signifie ce que en Latin on dit Buxū. De Habeo, *i'Ay*, d'vne syllabe, ils ont faict *Ie hai*, qu'on dit en Latin Odi.

La VIII. en faisant de deux syllabes vne: comme de Saturus, *saul*: de Seruus, *Serf*.

La IX. en transposant quelque lettre des mots Latins, de lieu en autre: cõme de Celer, ils ont faict *Legier*: de Fistula, *Fleute*: de Scintilla, *Estincelle*: de Torrere, *Rostir*: de Mutus, *Muet*: de Liber, *Liure*.

AVCVNES REIGLES POVR PLVS ample declaration de ce que dict est es IX manieres precedentes.

Quand la diction Latine commence par s, laquelle incontinent suyue vne autre consonante, presque tousiours les Francois mettent vng *e* deuant icelle: comme,

Schola, *Eschole*.	Scintilla, *Estincelle*.	Spes, *Espoir*.
Scala, *Eschelle*.	Spuma, *Escume*.	Strigilis, *Estrille*.
Stella, *Estoille*.	Spatium, *Espace*.	Stramen, *Estrain*.
Squama, *Esquaille*.	Studium, *Estude*.	Spissus, *Espez*.

Pourtant que es mots Francois qui se finent en *lre*, *mre*, *nre*, *sre*, *mle*, *nle*, nous ne pouõs sonner & pronõcer *l*, *m*, *n*, *s*, deuãt *r*, en vne mesme syllabe, n'aussi *m* & *n* deuãt *l*, sans qu'il y ait quelque chose entredeux: nous mettons vng *b* entre *mr*, *ml*, & vng *g* entre *nl*, & *d* entre *lr*, *nr*, *sr*. Exemple,

lr Puluis, *Pouldre*. Corylus, *Couldre*. Voluero, *ie Vouldray*. Vellem, *ie Vouldroye*. Molerem, *ie Mouldroye*. Molere, *Mouldre*. Soluero, *ie Souldray*. Soluere, *Souldre*. Valebo, *ie Vauldray*. Valerem, *ie Vauldroye*.

mr Camurus, *Cambre*. Numerus, *Nombre*. Cucumer, *Cõcombre*. *Chambre*. Marmor, *Marbre*, ou *m* est tourné en *b*.

nr Tener, *Tendre*. Gener, *Gendre*. Generare, *Engendrer*. Venus, veneris, *Vendre*. dont vient *Vendre di*, pour dire en Latin dies Veneris. Minor, *Moindre*. Ponere, *Pondre*. Tenerem *ie Tiendroye*.

sr Consuere, *Cousdre*.

ml Cumulus, *Comble*. Cumulare, *Combler*. Humilis, *Humble*. *Semblable*, dont vient *Resembler*.

nl Spinula, *Espingle*. en Latin se dit acicula.

Touchãt la susdicte troisieme maniere, les mots Latins

terminez en o, en adioustant vng *n* a la fin, nous les faisons nostres. comme Cicero, *Ciceron*. Cato, *Caton*.

Carbo, *Charbon*. Religio, *Religion*. Pensio, *Pension*.
Sermo, *Sermon*. Rebellio, *Rebellion*. Seditio, *Sedition*.
Sapo, *Sauon*. Suspicio, *Souspecon*.
Opinio, *Opinion*. Confessio, *Cõfession*.

Mais aucuns terminez en io, perdent i en les faisant Francois: comme, Mansio, *Maison*. Oratio, *Oraison*. Venatio, *Venaisou*. Ratio, *Raison*.

D'aucuns d'iceulx mots, nous formons des verbes de la premiere coniugaison ainsi que les Latins: comme de Sermon, *Sermonner*. Question, *Questionner*. Maison, *Maisonner*.
Raison, *Raisonner*. Moisson, *Moissõner*.
Larron, *Larciner*. Fasson, *Fassonner*.

Aucuns en y a que nous terminons en *e*: comme Æstimatio, *Estimation & Estime*. Auscultatio, *Escoute*. Cessatio, *Cessation & Cesse*. Homo, *Hõme*. Les anciens souuẽt escriuoyẽt *Hom*, en signification impersonelle passiue: comme pour traduire en Francois, *Curritur*, ils escriuoyent, *hom court*, ou *l'hom court*, comme si en Latin on disoit Homo currit: dont est faict nostre, *On dit*, *On fait*, pout le Latin Dicitur, Fit. *h* osté, & *m* tourné en *n*. Magnitudo, *Magnitude*. Ordo, *Ordre*, en interposant vng *r*. Margo, *Marge*. Imago, *Image*. Virgo, *Vierge*. Ainsi faisons nous presque de tous ceulx qui en Latin sont terminez en Do, ou Go.

Des mots Francois masculins terminez en *e*, nous en faisons des femenins en adioustant *sse*. cõme de Prince, *Princesse*. Maistre, *Maistresse*. Hoste, *Hostesse*. Conte, *Contesse*.

S'ils sont terminez en consonante, nous adioustons *e* a *sse*. comme de Duc, nous faisons *Duchesse*. de Larron, *Larronnesse*.

Les mots Latins terminez en a, en as, ou en es, sont faicts Francois en les terminant en *esse*. comme de Duritia, ou Durities, nous faisons *Duresse*, ou plustost *Dureté*. de Pigritia, *Paresse*. Tristitia, *Tristesse*. Gẽtilitas, *Gentilesse*.

Lætitia, *Liesse*. Nobilitas, *Noblesse*. Ruditas, *Rudesse*.
Largitas, *Largesse*. De Nutrix, nous faisons *Nourrisse*. De Mentitrix, *Mentceresse*.

Il a esté dict ci dessus en la quatrieme maniere, que pour faire mots Francois du Latin, quelque fois du commencement du mot Latin on oste quelque lettre ou syllabe: cõme de Sordidus, *Ord*, *Orde*. Sordidare, *Ordir*. Sordes, *Ordure*. Glis, *Loir*. Ieiunium, *Iune*. Ieiunare, *Iuner*.

En la cinquieme maniere a este aussi dict que souuẽt nous ostons de la fin du mot Latin vne lettre ou syllabe, pour en faire vng mot Francois: principalement es mots Latins terminez en ulus ula ulum: comme, Articulus, *Article*. Titulus, *title*, ou *titre*, *l*, mue en *r*. Angulus, *Angle*. dont vient *Anglet*.

Vngula, *Ongle*. Vocabulũ, *Vocable*.
Circulus, *Cercle*. Regula, *Reigle*. Tabernaculum, *Tabernacle*.
Bubalus, *Bufle*. Stabulum, *Estable*.

Mais de Periculũ nous faisons *Peril*: de Calamus, *Chaulme*.

Noms Latins terminez en ILIS, ou BILIS.

Ceulx qui sont terminez en ILIS, ou BILIS en Latin, nous les faisons nostres en les terminans en *le* ou *ble*. comme Amabilis, *Aimable*, ou *Amiable*.

Laudabilis, *Louable*. Agilis, *Agile*.
Honorabilis, *Honorable*. Vẽdibilis, *Vẽdible*, ou *Vẽdable*.
Durabilis, *Durable*. Credibilis, *Credible*, ou *Croyable*.
Similis, *Semblable*.
Venerabilis, *Venerable*. Vtilis, *Vtile*.
Mobilis, *Mobile*. Sterilis, *Sterile*.

Verbes Latins terminez en FICO, ou GO.

Les verbes de la premiere coniugaison des Latins, terminez en FICO, ou en GO, nous les faisons Francois en ostant la syllabe CA, ou GA, comme, Sacrificare, *Sacrifier*.

Ædificare, *Edifier*. Publicare, *Publier*.
Fortificare, *Fortifier*. Mendicare, *Mendier*.
Magnificare, *Magnifier*. Castigare, *Chastier*.
Mollificare, *Mollifier*.

Mais nous disons de Fatigare, *Fatiger* : de Mitigare, *Mitiger*: de Fustigare, *Fustiger*.

Verbes ou Noms Latins en INA, ou INARE.

En autres Noms leur ostons IN ou INA: comme, Nominare, *Nommer*. Germinare, *Germer*. Terminus, *Terme*. Lamina, *Lame*. Fœmina, *Femme*. Lancinare, *Lancer*, c'est a dire poindre.

G Latin osté.

En d'autres on leur oste le g. comme, Plaga, *Playe*. Paganus, *Payen*. Sagum, *Saye*.

Noms en ALIS.

Les Noms Latins terminez en ALIS, sont faicts Francois, en leur ostant IS de la fin. Liberalis, *Liberal*. Principalis, *Principal*. Nuptialis, *Nuptial*. Regalis, *Royal*. Æqualis, *Egal*. Generalis, *General*.

De tels le plurier est presque en tous termine en *aulx*, *Liberaulx*, *Generaulx*, *Principaulx*.

Il y en a plusieurs d'iceulx qui muent a en *e* : comme Naturalis, *Naturel*, *Solennel*, *Maternel*, *Fraternel*, *Paternel*.

Des Latins terminez en MENTUM.

A ceulx qui sont terminez en MENTUM, nous ostons UM, pour les faire nostres: cōme, Sacramentum, *Sacrement*. Iuramentum, *Iurement*. Fundamētum, *Fondement*. Vnguentum, *Onguent*. Monumentum, *Monument*. Vestimentum, *Vestement*. Pauimentum, *Pauement*. Nutrimentum, *Nutriment*, ou *Nourrissement*.

Ceulx qui sont terminez en LENTUS, sont faicts Francois en ostāt US: cōme Fraudulentus, *Fraudulent*, *Fraudulēte*. Opulentus, *Opulent*. Somnolentus, *Somnolent*. Sanguinolentus, *Sanglant*, & non *Sanguinolent*.

Noms Latins en ARIUS & ARIUM.

Les terminez en ARIUS & ARIUM, estans faicts Francois, se terminent en IER: cōme *Serrurier*, de Seraturarius, si ainsi se disoit.

Cousturier, de Consuturarius. *Ceincturier*, de Cincturarius.
Armurier, de Armaturarius. *Espinglier*, de Spinularius.
Voicturier, de Vecturarius. *Vergier*, de Viridarium.
Leurier, de Leporarius. *Poullier*, ou *Poullalier*, de Pullularium.
Grenier, de Granarium.
Larmier, de Lachrymarium. qui est comme vne ceincture de maison faicte de platre, ou chaux, ou pierre, reiectant les gouttes (qui sont cõme larmes) descendantes du toict, arriere de la paroy. *Prunier*, *Pommier*, *Poirier*, *Meurier*, & pres que tous autres noms d'arbres, qu'on dit en Latin Prunus, Pomus, Pyrus, Morus, de Prunarium, Pomarium, Pyrarium, Morarium.

Mais nous disons de Armarium, *Armoire*: de Donariũ, *Douaire*: de Chaldarium, *Chaudiere*: de Notarius, *Notaire*: de Secretarius, *Secretaire*, & autres tels infinis.

Noms Latins terminez en OSVS.

Les mots terminez en OSVS, nous les faisons Francois en ostant VS, & muant O en *eu*, quelque fois en *u*: comme Vinosus, *Vineux*, *Vineuse*, en tournant *x* en *s*. Ambitiosus, *Ambitieux*, *Ambitieuse*. Odiosus, *Odieux*, *Odieuse*, & tels autres, desquels a este parle en la mutation de O en EV. Membrosus, *Membru*. Carnosus, *Charnu*. Mais nous disons de Ialosus (s'il se disoit en Latin) *Ialoux*, *Ialouse*, ou *Ialeux*.

Noms Latins terminez en IS, VS, VM.

Plusieurs noms, soyent substantifs, ou adiectifs de la seconde & tierce declinaison Latine sont faicts Francois, en ostant VS, ou VM, ou IS. Et de ceulx qui ont deux consonantes deuant VS, comme rr, nn, mm, ll, les Francois leur ostent vne d'icelles consonantes auec VS: comme les substantifs de la secõde declinaison, Currus, *Char*, *Chariot*. Vannus, *Van*. Annus, *An*, ou *En*, dont vient *Anten*, pour l'an dernier passe. dont aussi on dit *Antenois*, pour ce qui est de l'annee de deuant & prochaine, ou de deux ans.

Ventus, *Vent*. Catus, *Chat*. Ceruus, *Cerf*.

Seruus,*Serf.* Murus,*Mur.* Tonus,*Ton.*
Sonus,*Son.* Pinus,*Pin.* Sapinus,*Sapin.*
Rhenus,*Rhin.* Cophinus,*Cophin.* Quintinus, *Quētin.*
Lardum,*Lard.* Plumbum,*Plomb.* Ferrum,*Fer.*
Aurum,*Or.* Campus,*Champ.* Vinum,*Vin.*
Argentum,*Argent.* Granum,*Grain.* Linum,*Lin.*

De la tierce. Finis,*Fin.* Sanguis,*Sang.*

De la quarte, Manus,*Main.* Casus,*Cas.* Lassus,*Las.* Sensus,*Sens.* Census,*Cens*,ou *Cense.*

Les adiectifs de la seconde. Tardus,*Tard.* Surdus,*sourd.*

Profundus,*Profond.* Maturus,*Meur.* Marinus,*Marin.*
Vnus,*Vng.* Securus,*Seur.* Peregrin9, *Peregrin.*
Bonus,*Bon.* Longus,*Long.* Matutinus,*Matin.*
Malus,*Mal*,ou *Mauuais.* Bellus,*Bel.* Vicinus,*Voisin.*
Niger,*Noir.* Frigidus,*Froid.*
Purus,*Pur.* Obscurus,*Obscur.*
Durus,*Dur.* Diuinus,*Diuin.*

Les adiectifs de la tierce.

Grandis,*Grand.* Fortis, *Fort.* Mollis,*Mol.*
Æqualis,*Egal.* Talis,*Tel.* Subtilis, *Soubtil*, ou *Subtil.*
Breuis,*Brief.* Qualis,*Quel.*
Grauis,*Grief.* Viridis,*Verd.* Dulcis,*Doulx.*

Ainsi se font les mots Francois de ceulx qui en Latin sont terminez en NS : comme Amans, *Aimant*. Videns, *Voyant.* Legens,*Lisant.* Seruiens,*Seruant.*

A tous ceulx ci, tant substantifs qui ont femenin, que aux adiectifs, adiouste vng *e* pour faire le femenin: comme *Chate,Cerue,Serue,Quentine,Martine,Tarde,Sourde, Profonde,Ronde,Vne,Bonne,Male*,&c. *Grande,Egale*,&c. *Aimāte,Voyante*,&c.

Il fault prēdre garde que es mots qui en Latin ont vne voyelle double,comme Mollis,Bellus: en les tournant en Fracois,pour le femenin ils retiennēt vne des cōsonantes deuant *e*: comme de Mollis,*Mol.Molle.* de Bellus,*Bel,Belle.*

Et quant aux masculins Francois terminez en *f*, en faiſant le femenin, on tourne *f* en *e*: comme *Cerf*, *Cerue*, *Fugitif*, *Fugitiue*. *Brief*, *Brieue*. *Natif*, *Natiue*. *Grief*, *Grieue*.

Autres Noms de la ſeconde ou tierce declinaiſon Latine terminez en IS & VS.

Il y a encores d'autres Noms de la ſeconde & tierce declinaiſon Latine, auſquels on oſte IS ou VS, & met on vng *e* pour les faire Francois, tant adiectifs que ſubſtãtifs. Adiectifs, comme Largus, *Large*. Amplus, *Ample*. Dignus, *Digne*. Rarus, *Rare*. Firmus, *Ferme*. Indignus, *Indigne*.

Subſtantifs, comme Mundus, *Monde*. Truncus, *Tronche*. Aſinus, *Aſne*. Pomum, *Pomme*. Morum, *Meure*. Circulus, *Cercle*. Prunum, *Prune*.

De la tierce, Vulgaris, *Vulgaire*. Agilis, *Agile*. Gracilis, *Greſle*. Debilis, *Debile*. Fragilis, *Fragile*. Mobilis, *Mobile*. Nobilis, *Noble*.

Noms Latins terminez en ER.

Les Noms Latins terminez en ER. tant de la ſeconde que de la tierce declinaiſon, ſont faicts noſtres en tranſpoſant r & e pour tous genres: comme Aſper, *Aſpre*. Liber, ra, rum, *Deliure*. Noſter, *Noſtre*. Cãpeſter, *Chãpeſtre*. Tener, *Tendre*. Ruber, *Rouge*. Saluber, *Salubre*. Dexter, *Dextre*. Niger, *Noir*. Celer, *Leger*. Alter, *Autre*. Acer, *Aigre*. Veſper, *Veſpre*. Alacer, *Alaigre*.

R tranſpoſé.

R auſſi du mot Latin, ſe tranſpoſe quelquefois en faiſant le mot Francois: comme Pro *Pour*. Verus, *Vré*, *Vrée*: & mieulx *Vray*, *Vraye*. Temperare, *Tremper*. Granariũ, *Garnier*, ou *Grenier*. *Garnier*, aucũs le deriuẽt de Granire, mot feinct, cõme s'il ſignifioit Munir de grain: dont viendroit *Garniſon*, qui eſt vng chaſteau, ou munitiõ de ville, faicte principalement de grain, ou auſsi de genſdarmes qui gardent la ville. De ce mot *Garniſon*, aucuns dient que *Garſon* en vient, à cauſe de l'accouſtumee malice des garniſons: dont nous disons, *Mauuais garson, Mauuais garnement.*

Noms Francois faicts du genitif de la tierce declinaison Latine.

Les Noms Francois qui viennent du genitif de la tierce declinaison Latine, le plus souuent retiennent la consonante du genitif: en aucuns i qui est apres la consonante, est tourne en *e*: comme Pes pedis, *Pied.* Flos floris, *Fleur.*

Pars partis, *Part.*
Ars artis, *Art.*
Opus operis, *OEuure.*
Lepus leporis, *Lieure.*
Anas anatis, *Anate.*
Salus salutis, *Salut.*
Glans glandis, *Gland, Glande.*
Lens lentis, *Lente.*
Pons pontis, *Pont.*
Mons montis, *Mont & Montaigne.*
Fraus fraudis, *Fraude.*
Pollex pollicis, *Poulce*, & *Poulse.*
Calix calicis, *Calice.*
Nutrix nutricis, *Nourrisse.*
Nox noctis, *Nuict.*

Des mots Latins ayãs vne s au milieu du mot, pour les faire Frãçois nous ostons les lettres qui sont apres s, cõme

Dionysius, *Denis.*
Geruasius, *Geruais.*
Prothasius, *Prothais.*
Valesius, *Valois.*
Franciscus, *Francois.*
Pisum, *Pois.*
Omissum, *Omis.*
Occisus, *Occis.*
Ambrosius, *Ambroise.*
Augustinus, *Augustin.*

Ceulx qui sont terminez en EVS, signifians chose faicte de quelque matiere, nous les faisons Francois en preposant *de* a leur primitif: comme Aureus, *D'or.*

Argenteus, *D'argent.*
Æreus, *D'arain.*
Ferreus, *De fer.*
Stanneus, *D'estain.*
Plumbeus, *De plomb.*
Terreus, *De terre.*

Mais s'ils sont Participes preterits, au lieu de atus, nous mettõs vng *e*, les faisans Frãcois: comme Deauratus, *Doré.* Argentatus, *Argenté.* Ferratus, *Ferré.* Plumbatus, *Plombé.*

Quelquefois nous assemblons les voyelles d'vng mot Latin en vne diphthongue, ostans la consonante d'entredeux: comme Satur, *Saul*, ou *Saoul.* Saturare, *Sauler.* Securus, *seur.* dout vient *Asseurer*. Securitas, *Seureté*. Aqua, *Eaue*.

Des Noms Francois terminez en *age*.

Nous auõs beaucop de dictiõs formees de mots qui ne sont receus en bon Latin, terminez en GIVM: cõme de Villa, *Ville*. Villagium, *Village*.
De Passus, *Pas*, Passagium, *Passage*.
De Via, *Voye*, Voiagium, *Voyage*.
De Lingua, *Langue*, Linguagium, *Langage*.
De Cor, *Cueur*, Coragium, *Courage*.
De Visus, *Veue*, Visagium, *Visage*.
De Homo, *Homme*, Homagium, *Hommage*.
De Potus, *Pot*, Potagium, *Potage*.
De *Auãt*, qui est faict de Ad ante, *Auãtage*, dõt est *Auãtager*.
De Vltra, *Oultre*, Vltragium, *Oultrage*. dont est *Oultrager*.
De Damnum, *Dam*, Damagium, *Dãmage*, ou plustost *Dommage*. *Sauluage*.

Des Noms Francois en *aigne*, ou *ine*.

On en a faict aussi d'autres des femenins adiectifs fainćts en Latin, qui se terminent en *aigne*, ou *ine*, comme de Montana, Fontana, Medica, Medicinus, on a faict, *Montaigne*, *Fontaine*, *Medicine*. de Radix, *Racine*. de Pectus pectoris, *Poictrine*. de Naris, *Narine*. Fames, *Famine*, comme si on disoit, Radicina, Pectorina, Narina.

Des terminez en *ee*.

Aussi des Participes fainćts, les Francois ont souuent faict des noms substantifs: comme de Intrata, qui ne se dit point, ils ont faict *Entree*. De Armata, *Armee*.
De Salita, *Saillie de maison*. De Montata, *Montee*.
De Pensata, *Pensee*. De Vallata, *Vallee*.
De Tosta, *Tostee*, *ou Rostie*. De Horata, *Horee* (qui est vne pluye qui ne dure qu'vne heure) ou *Guilee*: & *Ondee*, de Vndata. De Curuus, ou Coruus, *Coruee*, ou *Courure*, qui est vng trauail qu'on prend pour aucun sans salaire. De Calceata, *Chaussee*. Et d'autres infinis: comme, *Duree*, *Rosee*, *Trainee*, &c.

Des mots Francois terminez en CE.

Des mots Latins terminez en TIA, encores qu'ils ne fussent receuz en Latin, on en a faict des Francois terminez en CE: comme Scientia, *Science.*

Sapientia, *Sapience.*
Laudantia, *Louange.*
Vacuantia, *Vuidenge.*
Seminantia, *Semence.*
Credentia, *Creance.*
Cognoscentia, *Cognoiscence.*
Alligantia, *Alliance.*
Vindicantia, *Vengeance.*
Subuenientia, *Souuenance.*
Fidentia, *Fiance.*
Recredentia, *Recreance.*
Sperantia, *Esperance.*
Recuperantia, *Recouurance.*
Sufferentia, *Souffrance.*

Verbes faicts des Participes.

Quelque fois des Participes presens nous en faisons des Verbes: comme de Plaisant, *Plaisanter.* Greuãt, *Greuanter,* ou *Grauenter.* Puant, *Empuantir.*

Des verbes Latins terminez en DO.

Pour faire des Participes Frãcois des Verbes Latins terminez en DO, on leur laisse le d: cõme Findo, *Fendu, Fendue.*

Fundo, *Fondu, Fondue.*
Tondeo, *Tondu, Tondue.*
Pendeo, *Pendu, Pendue.*
Mordeo, *Mordu, Mordue.*
Tendo, *Tendu, Tendue.*

De l'Infinitif au lieu du Nom.

Souuent nous vsons de l'Infinitif pour le Nom: comme quãd nous disons, *En son dormir,* c'est a dire, en son somme, ou en son dormant.

Pour son manger, c'est a dire, pour sa viande.

Mon disner, pour, la viande pour me disner.

Ton desiuner. *Son soupper.*

Mieulx vault scauoir que grãd auoir, pour, Mieulx vault science que grande richesse.

Il est d'ung bon scauoir: c'est a dire, Il ha vne doctrine solide & certaine.

Il ha ung bel auoir de brebis: pour, Il ha vng beau troupeau de brebis.

De la negation Francoise.

Nous auõs plusieurs sortes de mots, desquels nous nous seruons quand nous nions quelque chose : comme *Pas*, de Passus.

Poinct, de Punctus.

Grain, de Granum: & *Brin*.

Goutte, de Gutta.

Nul, *Nulle*, de Nihil.

Personne, de Persona.

Ame, de Anima.

Ia, de Iam.

Rien, de Res.

Nous adioustons souuent à nostre cõmun langage vng de ces mots, pour plus fermement nier quelque chose: cõme, *Il n'y est pas*, ou *point*. au lieu qu'on diroit, La n'y a vng seul pas, ou trace, ou poinct de luy.

As tu du uin? Ie n'en ay grain, ou *goutte*, ou *pas*, ou *poinct*.

Qui est en la chambre? Il n'y a ame, ou *personne*.

Que si nous voulons augmenter la negation, nous disons, *Il n'y a homme du monde*, ou *personne du monde*.

Ie n'en ay grain ne goutte.

Ie ne uoy ne grain ne goutte: ou, *ne ciel ne terre*.

Il n'y a ne feu ne leu: c'est a dire, lumiere.

Or il fault prẽdre garde a l'vsage de ces mots, que chascun soit mis au lieu qu'il fault: a scauoir que quãd on vsera de *Ame*, ou *Personne*, on parle de l'hõme. Quãd de *Grain*, ou *Goutte*, qu'on parle de semences ou liqueurs, ou chose correspondente. *Pas* & *Poinct*, ia soit qu'ils soyent plus generaulx, toutesfois proprement on en vse quand on parle de quelque quantite.

Quand nous vsons de *Nul*, *ou Nulle*, redoublans la negatiue, nous nions plus fort: comme quand nous disons, *Il n'y a nulle pomme*.

De *Ia*, nous vsons souuent quand sommes courroucez, disans, *Ie n'iray ia*: c'est a dire, maintenant. *Tu n'entreras ia*.

Touchant *Rien*, presque tous sabbusent a l'vsage d'iceluy mot, estimans signifier nulle chose que ce soit : mais c'est tout le contraire: car auec ce mot nous mettons tousiours vne negation, ou nous l'entendons: comme si ie demande, *Que fais tu? Que dis tu? Qu'as tu?* tu respons, *Rien.* mais la negation sentend, *Ie ne fay rien. Ie ne di rien. Ie n'ay rien.* Souuent nous vsons de ces mots, *Ie ne fay rien, &c.*

Des Noms Francois finissans en consonante.

Si le mot Francois se fine en consonante, pour faire le femenin, nous doublons la consonante, & luy adiouston vng *e*, comme Bon, *Bonne.* Tel, *Telle.* Quel, *Quelle.* dont vient *Laquelle.*

Facon, *Faconner.* Iehan, *Iehanne.*
Don, *Donner.* Moisson, *Moissõner.* Iehanne, *Iehãnette.*
Nom, *Nommer.* Sonnet, *Sonnette.* Diuin, *Diuine.*

Si le substantif Latin ou Grec ha la consonãte doublee, en deduisant vng verbe d'iceluy qui soit Francois, on y met aussi deux consonantes: comme Ferrum, Fer, *Ferrer.*

Vannus, Van, *Vanner.* Mollis, Mol, *Mollir.*
Lassus, Las, *Lasser.* Currus, Char, Chariot, *Charrier.*
Siccus, Sec, *Secher.*

Toutesfois de Omissus, nous disons Omis, *Omise.* de Promissus, Promis, *Promise.*

Des Noms Latins qui ont AL.

Les Noms Latins ayans AL, pour les faire Francois on tourne AL en *aul,* ou *au:* comme Gallia, *Gaule.*

Galli, *Gaulois.* Allium, *Aul.* Alter, *Aultre.*
Angli, *Anglois.* Pallus, *Paul.* Palma, *Paulme.*
Vallis, Vau, *Vallee.*

Autre chose pour le present ne dirons de nostre langue Francoise, estimans que ce qui est dict, pourra grandemẽt suffire quant a ce qui appartient a la Grammaire. Ce qui pourroit rester, a scauoir comment chasque mot se doibt escrire, & les plus communes manieres de parler Frãcois, se trouueront au petit Dictionaire Francois Latin, que nous auons imprimé ceste presente annee M. D. LVII. auquel ceste partie de Grammaire defailloit pour l'accomplissement d'iceluy.

LE VII DECEMBRE.

www.ingramcontent.com/pod-product-compliance
Ingram Content Group UK Ltd.
Pitfield, Milton Keynes, MK11 3LW, UK
UKHW021212220726
13924UKWH00003B/1476